G R A V I T A R E

A COMPANY OF ONE

一人公司

Insecurity, Independence, and the New World of White-Collar Unemployment

失业潮中的高新技术工作者

Carrie M. Lane

[美] 卡丽·莱恩 —— 著
李磊 —— 译

· 广州 ·

图书在版编目（CIP）数据

一人公司：失业潮中的高新技术工作者 /（美）卡丽·莱恩著；李磊译. — 广州：广东人民出版社，2024.1
（万有引力书系）
书名原文：A Company of One：Insecurity, Independence, and the New World of White-Collar Unemployment
ISBN 978-7-218-16727-5

Ⅰ．①一⋯　Ⅱ．①卡⋯　②李⋯　Ⅲ．①失业—问题—研究—美国　Ⅳ．①D771.282

中国国家版本馆CIP数据核字（2023）第137187号

著作权合同登记号：图字19-2023-176号

A Company of One: Insecurity, Independence, and the New World of White-Collar Unemployment, by Carrie M. Lane, an ILR Press book originally published by Cornell University Press.
Copyright © 2011 by Cornell University
This edition is a translation authorized by the original publisher, via CA-LINK International.

YIREN GONGSI: SHIYECHAO ZHONG DE GAOXIN JISHU GONGZUOZE
一 人 公 司 ： 失 业 潮 中 的 高 新 技 术 工 作 者
［美］卡丽·莱恩　著　李磊　译　　版权所有　翻印必究

出　版　人：肖风华

丛书策划：施　勇　钱　丰
责任编辑：陈　晔　罗凯欣
营销编辑：龚文豪　张静智
责任技编：吴彦斌　周星奎

出版发行：广东人民出版社
地　　址：广州市越秀区大沙头四马路10号（邮政编码：510199）
电　　话：（020）85716809（总编室）
传　　真：（020）83289585
网　　址：http://www.gdpph.com
印　　刷：广州市岭美科技文化有限公司
开　　本：889毫米×1194毫米　1/32
印　　张：9.25　　字　　数：180千
版　　次：2024年1月第1版
印　　次：2024年1月第1次印刷
定　　价：78.00元

如发现印装质量问题，影响阅读，请与出版社（020-85716849）联系调换。
售书热线：（020）87716172

推荐序
当今高科技工作者的就业、失业与生活构建

胡 泳

我们很熟悉一些刻画当代社会的词汇,但未见得真的能说清这些词汇究竟意味着什么。例如,每一个工作的人都熟悉工作、就业和失业这几个经济用语,不过如果要想以清晰、一致的方式来谈论它们,厘清其复杂的含义,或是分辨其间的界限,却超过了大多数人力所能及的范围。例如,工作和就业这两个词经常被交替使用,用来指正式的、有规律的、有报酬的活动,而失业有时也被称为"没工作"。然而,工作和正式就业并不总是,甚至常常不是一回事。

有关工作含义的文化史和人类学研究表明,工作是一个更为宽泛的文化概念,而就业则较为狭窄。在不同时期和不同文化中,工作对于人们如何理解正式经济活动领域内外的社会生活,包括政治、休闲、社会交往和组织以及性别问题都至关重要。

在这种情况下，什么算作就业是一个具有深远影响的政治问题。长期以来，以种族、性别和阶级为基础的区别对待限制了什么可以被视为合法就业，以及谁可以从事特定的工作。无薪工作——如家务劳动、养育子女、农民劳动和非正规经济——在每一个社会，甚至是最工业化的社会，都发挥着不可或缺的经济和社会作用。

随着资本主义和雇佣劳动在全球范围内的扩张，就业——在正式、稳定、有偿劳动的意义上——已成为工作应该是什么样子的主导模式，虽然它并非唯一模式。就业的这种突出化具有广泛的影响。在大多数现代经济体中，正式就业已成为人们思考和体验时间、性别、生命历程等社会网络和文化生活领域内的多种事物的结构方式。在世界上的许多地方，就业已成为从事其他类型活动的条件，如建立社会关系、获得新的社会地位或赢得社会尊重。尤其是成年男性，其生活意义与获得正式工作密切相关。当这种就业无法实现时，男性获得成人地位的能力以及由此带来的许多潜在好处（如独立住房、婚姻、子女，以及亲属和同龄人的尊重）也就无法实现。那些失去工作或一开始就找不到工作的人，失去的可远不止是工资或头衔。

过去几年，美国失业率居高不下，尤其是越来越多的白领长期失业，这凸显了工作的不稳定性及其对失业者的影响。虽然失业现象并不新鲜，但其目前的表现形式有几个显著特点。首先，裁员往往是永久性的，而不是暂时性的，因此，被解雇者很少有机会重新为同一个雇主工作。其次，具有充足福利的稳定全职工作越来越多地被兼职、合同和临时职位所取代，这些职位工资低、不安全、流动性有限，而且几乎没有福利。此外，在过去几十年中，白领而非蓝领工人更容易遭到解雇。失业性质的这些变化与就业关系的转变有关，即从与一个雇主的长期关系转变为与许多雇主的连续工作关系。在高科技领域，这种转变最为明显，越来越多的从业者将自己视为"独立承包商"（或所谓的"一人公司"，详见下文），他们的职业生涯由面对不同雇主的一系列工作组成。

人类学家卡丽·莱恩将高科技领域的失业人员视为"煤矿中的金丝雀"，认为他们预示着白领在日益不稳定的工作环境中的未来。她在20世纪初的头几年深入采访了得克萨斯州达拉斯附近"硅草原"（Silicon Prairie）的75名高科技领域的失业人员，探索了他们的世界（她总共与400多人进行了交谈，并于2009年对其中9人进行了后续采访）。她通过深入细致的研究，对这些人的工作和失业经历以及他们为自己的生活构建的意义进行了精彩的解读。

莱恩报告了一些有趣的、常常令人吃惊的结果。这些人很少将自己的失业归咎于"制度"或雇主，而是倾向于责怪自己，或将失业视为全球经济中商业周期和竞争的必然结果。他们采用了新自由主义的观点，这种观点使他们将失业问题视为个人问题，通过各种形式的"职业管理"（如加入求职俱乐部和参与社交网络）来解决，而不是通过吁求政府采取补救措施的集体和政治行动来解决。

幸运的是，这些失业人员中有许多人是双职工家庭的成员，因此能够依靠配偶的收入度过失业期。莱恩认为，这说明了性别关系性质的变化，因为失业男性往往能够在无偿就业中发现新的身份，并构建起将失业视为有机会花更多时间陪伴家人的叙事。然而，这些双职工夫妇中的白领女性则更难从其失业经历中构建积极的叙事，因为她们不太能够将职业管理与她们相对较新的职业身份相协调，后者的基础是持续的就业和财务供给。

这些高科技行业从业者非常适应就业关系的性质不断变化所带来的不确定性和不安全感。这在劳动大军中也许是独一无二的。他们中的大多数人相对年轻，技术水平较高，能够在瞬息万变的高科技行业中抓住新的就业机会。他们对工作保障的期望值不高，因此在被解雇时并不感到惊讶；相反，他们往往将此视为职业生涯的正常部分。尽管如此，这些人还是承受了失业带来的一些负面影响。莱恩充分记录了这些失业人员所承受的压力，以及失业对他们的心理健康和家庭所造成的伤害；年龄较大的尤其处于不利地位，因为他们更难获得再培训和新工作。

本书的主题，也是本书最重要的贡献，是技术工作者对自己的处境所表达的那种高度个性化的责任观念。他们认为自己不是下岗工人，而是"一人公司"，是从事定义、改进和营销"个人品牌"工作的持续劳动的企业家。他们始终坚信，市场最终会回报他们的灵活性、辛勤工作和牺牲精神。很显然，他们的超级个人主义立场和对市场的信心是新自由主义意识形态内在化的结果。他们对自身处境的理解是在接受新自由主义世界观的基础上形成的。这些新"下岗工人"并不认为自己是新经济的失败者；那些拒绝适应新经济的"组织人"才是失败者。

以新自由主义和经济结构调整为背景，莱恩展开了技术工作者在工作的不安全感中挣扎的故事，但她并没有止步于职场，而是用第五章深入关注了求职者的家庭和经济状况。在这里，莱恩承认，与其他大多数失业人员相比，她的研究的参与者自有得天独厚之处。尽管他们确实经历了巨大的经济压力，但没有人因为被解雇而失去住房或汽车。莱恩认为，这部分是由于他们中的大多数都由其配偶的家庭收入支撑，而这一点在他们自我认同为独立、灵活的自由职业者时并没有得到承认："求职者可能会把自己定义为'一人公司'，但这些公司的运营资本常常是另一名工作者的劳动所得，后者所处的行业一般比高科技行业更加稳定（收入往往也较少），不过也并不总是如此。"在讨论这种"隐性支持"时，莱恩引出了新浮现的男性对事业和家庭的态度——正如本章标题"靠妻子养家的男人"所暗示的——是如何出乎意料地强化了男性气概和婚姻的传统观念。男性能够将没有收入的弱点转化为其"新"男子气概的证据，而处于同样地位的女性则因为未能履行自己的承诺而背负着沉重的负疚感。这种对性别角色的扭曲是本书中最引人入胜的发现之一。

莱恩作为文化人类学家的技能在书中得到了很好的体现，

她对这些男人和女人进行了丰富而独特的人性描绘。她没有将他们的处境或观点过于简单化，然而这部作品的一个弱点在于，未能与更广泛的政治环境联系起来。莱恩在一定程度上提供了政治联系，但她对新自由主义的分析不够深入。她没有充分探讨参与者的"一人公司"观点如何支持了新自由主义经济神话的长期存在。她也没有研究互联网崩盘后信息产业重组的更广泛情况。也许硅谷IT工作者令人兴奋、自我实现的世界只是短暂的历史反常现象，很快就被资本主义市场的现实所纠正。但她没有讨论这个问题。

莱恩小心翼翼地指出，她的受访者具有独特的优势，他们拥有适销对路的技能、高收入、获得信用和贷款的机会，并且是双职工家庭的成员。因此，这些高科技工作者并不能真正代表整个白领劳动力队伍，所以我们不清楚他们的经历是否真的预示着那些必须应对不稳定就业关系的人将普遍构建的未来叙事。不具备这些高科技工作者的独特属性的工作者遇到不稳定就业该怎么办？结构性问题的集体和政治解决方案真的就被彻底放弃了？当人工智能大潮汹涌而来之时，这些问题正变得比本书完成的二十一世纪第二个十年之初更加切题。

关于就业的书有很多，比如理查德·萨斯坎德（Richard Susskind）和丹尼尔·萨斯坎德（Daniel Susskind）的《职业的未来》（*The Future of the Professions*，2015），以及埃里克·布莱恩约弗森（Erik Brynjolfsson）和安德鲁·麦卡菲（Andrew

McAfee）的《第二次机器革命》（*The Second Machine Age*，2014）等，不过这些书籍主要着眼于技术和经济变革，相比之下，莱恩的人类学论述很好地提醒了人们去关注塑造工作意义的其他更多个人因素。当人们在经济剥夺和匮乏的情况下适应和调整自己的生活时，他们形成了新的（即使是暂时的）身份和社会关系，由此给就业和失业带来新的意义。

此外，她犀利地发现，经济学家和理论家，从艾伦·格林斯潘到大卫·哈维大多反对新自由主义政策，然而劳动者却接受新自由主义意识形态，将自己视为"一人公司"，不断进行职业管理，认为这是自由市场的自然运作。这启发我们思考米歇尔·福柯的治理术研究主题，它将权力和政治分析扩展到不仅包括国家，还包括嵌进用以评估和管理从个人到国家层面的行为的"技术"（程序和机制），以及蕴含其中的"理性"（我们思考问题及其解决方案的方式）。这个概念中的一个重要方面是福柯视域下的权力，不仅仅是一群人对另一群人的征服；相反，权力也产生身份和主体性。换句话说，关于新自由主义的研究不仅包括通过具体政治行动强制执行新自由主义理念，还包括鼓励和劝说个体管理自己的行为，以成为理想的具有个人创造性的新自由主义主体。

莱恩的书的最后一章是长达40余页的"后记"，回访了在本书叙述中占据重要地位的9位参与者。我们看到他们在失业后9年里的生活状况，以及他们如何看待彼时进入另一场经济危机的世界。虽然他们的个人境遇千差万别——有些人过得比以前好，有些人则明显"落魄"——但莱恩发现了他们之中"一人公司"想法的韧性。他们继续以个人主义的框架来解释自己的处境，拒绝将自己的命运归咎于外部经济或政治力量。

而"一人公司"的理念向来不缺乏吹鼓手，例如领英联合创始人里德·霍夫曼（Reid Hoffman）在他的《至关重要的关系》（*The Start-up of You: Adapt to the Future, Invest in Yourself, and Transform Your Career*）一书中，就将这种职业战略称为"创业的你"。霍夫曼认为，千禧一代正在成为自己生活的创业者。这也折射了莱恩指出的新自由主义意识形态的衰落，以及"职业生涯管理可能也正经受着最后的阵痛"的可能性并不会轻易发生，新自由主义有着顽强的生命力。

然而，新自由主义并不是铁板一块。它并没有以不可阻挡的、相同的方式在全球范围内传播。虽然新自由主义经常被用作当代资本主义及其弊病的标记，但它并不是一套不变的思想和实践，可以在不同的背景下得到统一的解释和体验。人类学对审视新自由主义的一个重要贡献之一，就是提供了丰富多彩的详细民族志分析，在那些通常被想象为不符合自由主义政治历史和自由市场的背景下，研究当地有关新自由主义意识形态、治理和政策的适应和挑战。在这方面，中国就是一片丰厚的研究土壤。

高科技工作者的困境在中国也不鲜见。2023年6月，据阿里巴巴、腾讯和百度发布的财务报告，这三家中国最大的互联网公司和薪酬最高的雇主在2023年前三个月雇用的员工比它们在疫情期间招聘人数最高时少了约9%。在裁员潮当中，35岁以上的互联网人首当其冲。一项对目前中国大型互联网企业员工的平均年龄的统计显示，这些公司员工平均年龄均不超过35岁，处于27岁到33岁不等。在互联网行业中流传着这样一句话："如果你35岁还不能成为管理层，你就会被淘汰。"

而30多岁的劳动者在他们的人生当中，正在对事业、婚姻和生育等大问题做决定，他们如果失去了工作，这将构成一种多重打击。中国的科技工作者也会规划"一人公司"吗？他们的"职业管理"行为是怎样的？他们对新自由主义意识形态造就的就业不安全是什么态度？如果他们是男性，职业生涯的波动如何影响男性气概和男性养家糊口角色的传统观念，以及要不要生育的决定？其中的女性又有着怎样不同的生命历程和职业状态？我们期待中国的人类学家深入这一群体，对中国的高科技工作者展开详细描述，为我们提供可以补充其他地方的分析工作的基础证据。

（作者系北京大学新闻与传播学院教授）

序

2009年夏季，美国的失业率达到了9.4%，这是20多年来的最高水平。新登记的失业人口持续增长，而长期失业者人数（失业27周以上）也达到了440万。总体而言，有超过1450万美国人失业，平均每个空缺岗位有4名以上的求职者。[1]全球经济危机不断加剧，国家经济持续衰退，住房、股票和劳动力市场也陷入崩溃态势，在这种情况下，就业形势看起来也不大可能在短期内得到改善。经济与政策研究中心①的一位主任评论道："这真的几乎是可以想象到的最糟糕的情况了……完全没有见底的迹象。如果这种失业趋势能在年底前刹住，那真是咱们的运气了。"[2]

和大多数美国人一样，我读到那些就业危机不断加剧的报道时也感到越来越紧张，但同时又有一种强烈的似曾相识之感。这种状况不但让人心焦，也让人觉得异常熟悉；就在此时，我正在

---

① 经济与政策研究中心（Center for Economic and Policy Research，简称CEPR）是美国著名经济智库，成立于1983年。（本书脚注均为译注，后文不再标明。）

给一本讲述另一个时期的书（即本书）收尾，那个时期离现在也不算久，也是有成千上万的美国工作者遭到裁员，然后涌入已经被经济衰退、国家危机和另一种（尽管也没太多差别）泡沫的破裂重创的劳动力市场。

从2001年开始，我一直在研究得克萨斯州达拉斯市的高科技产业白领们的经历，这些人在21世纪动荡的头几年里失去了工作。我见了不少求职者，地点通常是咖啡店、餐馆、酒吧、教堂、图书馆、市政中心、会议室或对方家里，目的是要了解新一代工作者对自己经历裁员、求职的过程以及出乎大多数人意料的长期失业有何感想。

我起初并不打算研究失业问题。作为一名文化人类学学者，我感兴趣的一直都是人们会怎样理解世界以及他们在世界中的位置。还在念本科的时候，我就无意去探究远方的异域原住民的世界观，只想试着去发现并理解美国中产阶级的文化信仰和行为，而他们的生活方式常常被学院派斥为过于乏味、平平无奇或者让人厌恶，不值得深入研究。所以我研究的本地人大多也是像我这样的人：上过大学的美国中产阶级，有男有女且多为白人，信仰和生活方式通常被称为所谓的"主流"。

直到离开校园以后，我才开始关注工作议题，以及工作对那些从业者来说所承载的意义。我毕业后的第一份工作在一家非营利研究咨询机构，这个机构旨在提升商界女性的地位。我很喜欢这份工作，也支持这家机构的宗旨，但让我感到失望的是，我们专门从事的统计研究（比如计算当前女性首席执行官的数量，调查担任高管的有色人种女性的比例）实际上很少能说明工作在我们所调查的男男女女的生活中意味着什么，以及性别、种族和阶级等问题如何塑造了当代白领的就业性质的问题。到研究生院后，我力求回答这类问题，并最终决定专攻工作人类学和中产阶级人类学，以及美国文化和商业史。

我在2001年启动这个研究项目的时候，无数的互联网创业公司突然倒闭了，人们普遍感到意外，全国都为之震惊，而这些公司扁平的组织结构和自觉随意的企业文化直到不久前还被吹捧为美国职场的未来。因此，我最初的计划就是研究2000年那场危机①中幸存的互联网公司，我认为可以通过这些公司的日常来展现一幅更为复杂的图景，准确点说，就是对美国工作者来说，这种"新经济"的职场最终会是什么模样。

我将达拉斯选为田野调查的地点，原因之一就是之前对高科技职场和工作者的研究几乎完全聚焦于加州的硅谷。[3] 达拉斯庞大而多样的高科技产业和劳动人口——主要集中在计算机和电信领域——在各类研究高科技中心的学术项目中几乎无人问津；那些关注南方的人往往会匆匆掠过达拉斯，直奔南边的邻近城市奥斯汀，那里也有一批以互联网为基础的科技产业，规模虽小，但

---

① 2000年，美国互联网泡沫破裂，大批科技公司倒闭，纳斯达克市值蒸发了三分之二。

显然更有吸引力。于是我想对达拉斯科技劳动力的历史境况展开一次民族志调研，希望把焦点集中于这个充满活力但缺乏研究的地区，同时也能给现有的硅谷研究提供一个比较视角。[4]

为此，我在2001年9月开始了这项田野工作。我参加了达拉斯及其周边地区的各种高科技组织和职业协会举办的会议，想发展一些人脉，好进入他们的公司去做田野调查。我参加的活动包括业界领袖的早间讲座、午间研讨会和小组讨论，在深夜的酒吧派对上也和那些自称"极客"的人有过非正式交流。在大多数活动中，我会拿着一个塑料咖啡杯，笨拙地加入某个正在进行的对话，或者跟某个落单的与会者从头聊起。就像高中舞会上不受欢迎的孩子一样，大多数新来的与会者（包括民族志学者）在交际场合最初的那几分钟里都颇显尴尬，所以对任何形式的接触都双手欢迎。在这种环境下，一旦自我介绍完毕，人们往往也会尽可能地与当前的对象交谈。这些讨论会表面上是为了方便业界人士联络、谈生意甚至交流行业八卦，但我遇到的很多人实际上是刚刚被境况不佳的电信、计算机和互联网行业的公司解雇的失业者。每次活动上，我会至少遇到一个想让我把他引荐给某家公司的人，而我恰恰希望从他们那里得到同样的帮助。

我借此听说和谈论了不少有关裁员的事情——其中既有裁员的原因，也有失业者的感受。我很快发现自己更感兴趣的是与会的失业者，而非在职者，因为我逐渐确定了一点，那就是在世纪之交，高科技工作领域里更吸引人也更有价值的故事出自公司之外，而非其内部。于是我的研究重点也就相应地转移了，此后我便对达拉斯高科技行业的失业和求职状况展开了为期三年的田野调查（我在导言中概述了详情）。

人类学家早已认识到民族志的工作可能始于田野，但也远不止于此。只有尽力把自己的发现打磨成可发表的学术形式，大多数人才能真正开始理解这些发现。[5]在这个过程中，我们的受访人还在继续生活，有时这会让我们努力围绕他们构建的叙事变得格外复杂，甚至直接作废。[6]例如，我在2004年结束了这项田野调查工作，而当时美国的经济正在改善，我的很多受访人已经重新找到了工作，那些还没就业的人也普遍对自己的前景感到乐观。然而他们的故事不会在2004年终结，所以我的调查工作也不会。

我在2003至2005年间写完了本书的大部分内容，然后找了一份教职，因此把这个项目搁置了几年。2008年，我重新开始整理这些手稿，那时的经济形势又一次发生了变化①，由此也引发了一些无可避免的疑问——新的经济衰退期会让我先前的结论变得更加复杂，还是让其得到确证？我的核心目标是准确地记录特定求职群体在特定时间段内的经历，但后见之明也大有裨益，不可忽视。因此我在本书中会追求一种平衡，既要像我当初做田野调查时（2001—2004）那样重现高科技求职圈的情况，又要根据

---

① 指次贷危机。

新近的事件来批判性地审视那个时期以及我和我的受访人对那个时期的看法。（比如我列出的很多统计数据侧重于21世纪的头几年，这是为了精确地呈现受访者在失业与求职时面临的经济与就业市场的状况。但只要有可能，我也会在其中加入最新的数据，以供参考和比较。）

为此，我在2009年秋季又对少数的主要受访者进行了后续访谈，想看看他们自上次受访以来的五年里在生活和事业上取得了怎样的进展。我把这些新的内容放到了加长版的后记里，不仅更加全面地展现了在近十年前失业的个别求职者的经历，也提供了一些新的视角，可用来审视正文中的数据。对于千百万美国人即将面对何种未来，这些访谈也提供了一些既发人深省又令人不安的证据，就在我写下这篇序言之时，他们也在这个工作流失、求职困难和长期失业的世界里开启了自己新的旅程。

致 谢

我最感谢的就是众多求职者,他们的坦诚和慷慨促成了这个项目。他们的经历和观点是本书的核心,没有他们就没有故事可讲。我特别感谢少数的主要受访者,他们在整个过程里为我的想法和解读提了不少意见——有时是挑战我的结论,有时则是用新的故事和资讯来支持我。虽然没法一一答谢他们,但我相信他们每个人都知道我有多么感激他们对本书所做的宝贵贡献。

这个项目的资金来自各种渠道。国家科学基金会的文化人类学计划和耶鲁大学的约翰·佩里·米勒基金会(John Perry Miller Fund)为我最初的田野工作提供了部分资助。我还有幸获得了耶鲁大学罗伯特·M.莱兰写作奖学金(Robert M. Leylan Writing Fellowship)、加州州立大学富尔顿分校颁发的校内初级教员研究奖,还有加州州立大学的研究、学术和创造性活动特别基金会颁发的两个奖项,以及富尔顿分校教师发展中心颁发的非终身教职发展补助金。

我在很多论坛上展示了自己尚待完善的初步研究成果,其中包括美国人类学学会、美国研究学会、工作人类学协会、欧洲社会科学历史研讨会、得克萨斯大学奥斯汀分校美国研究方向的研究生项目召开的会议；我还应邀在加州大学洛杉矶分校人类学系的文化、权力与社会变革小组，达拉斯地区社会历史小组以及耶鲁大学的市场文化小组发表了演讲。这些演讲让我能与不同学科的学者进行对话，从而打磨并发展自己的论点，与会的小组成员和听众则为我进一步的研究提出了极佳的批评和建议。有些学者还和我分享了自己正在进行的研究工作，他们对这个项目助益良多，让我深为感佩，尤其是圣何塞州立大学的梅希纳·维里克（Meghna Virick）教授和乔治·华盛顿大学的丹尼尔·马歇尔（Daniel Marschall）教授。

我在学术生涯的每个阶段都有幸结识一些才华横溢又乐于助人的同事和导师。当这个项目尚处萌芽之时，琼-克里斯托夫·阿格纽（Jean-Christophe Agnew）、南希·科特（Nancy Cott）和米奇·杜奈尔（Mitch Duneier）给了我不少鼓励，还提出了宝贵的修改和扩展意见，我对此感激不尽。有些学者回应了本书的草稿或摘录，他们的反馈让我受益无穷，其中包括芭芭拉·艾伦瑞克（Barbara Ehrenreich）[1]、凯瑟琳·纽曼（Katherine Newman）、编辑唐纳德·多纳姆（Donald Donham）以及《美国

---

[1] 芭芭拉·艾伦瑞克，洛克菲勒大学细胞生物学博士、畅销书作家，著有《我在底层的生活》《失业白领的职场漂流》等。

民族学家》（*American Ethnologist*）的两位匿名审稿人。

在此特别感谢凯瑟琳·达德利（Kathryn Dudley），她多年来以同样的水准激励、鞭策着我。凯瑟琳对本书的成形和改进所做的贡献是无法估量的。她是一股不间断的鞭策之源，总能促使我观察得更深入，思考得更细致。我一直都很感谢她的指引，她自己的工作就是一个榜样，表明了民族志有多么迷人且重要。

我对工作人类学协会的持续参与也以更为抽象的方式为这项工作提供了助益。作为工作人类学协会执行委员会成员和《工作人类学评论》（*Anthropology of Work Review*）的评审编辑，我一直能接触到这个分支学科里最新也最让人叹服的作品。与工作人类学协会合作还能获得一些更为私人性的回报。能成为这个充满活力的智识社群的一分子，我深感荣幸和高兴，特别感谢和喜爱迈克尔·奇布尼克（Michael Chibnik）、西拉·卡洛赛（Csilla Kalocsai）、安·金索尔弗（Ann Kingsolver）和吉姆·威尔（Jim Weil），他们让工作人类学协会成了我职业生活中一个格外充实的组成部分。

从我见到弗兰·本森（Fran Benson）的那一刻起，我就知道她肯定是我喜欢的那类编辑，事实证明我是对的。她对本书的热情于我而言至关重要，本书因为她和她所在康奈尔大学出版社的同事们付出的辛劳而臻于完美，尤其凯瑟琳·刘（Katherine Liu）、凯西·雷恩菲尔德（Cathi Reinfelder）和苏珊·斯佩克特（Susan Specter）功不可没。弗兰还帮了我一个忙——请约翰·万·曼伦（John Van Maanen）[①]审阅了我的初稿，他缜密的修改建议极大地优化了本书的文本。

有位教授曾跟我说，跨学科学者在决定应聘什么教职的时候，应该问问自己每天都想在系邮箱里见到谁的名字。他是想用这个问题来让我想清楚自己到底是人类学家还是文化历史学家（事实证明，不管在哪个系任教，我都是人类学家），不过在加入加州州立大学富尔顿分校美国研究系后，我找到了一个更有效的答案。如果今天有人问我这个问题，我会说，去查系邮箱的时候，我最想看到的就是我那些同事的名字：艾伦·阿克塞尔拉德（Allan Axelrad）、埃丽卡·鲍尔（Erica Ball）、杰西·巴坦（Jesse Battan）、亚当·戈勒布（Adam Golub）、韦恩·霍布森（Wayne Hobson）、约翰·易卜生（John Ibson）、伊莱恩·莱温内克（Elaine Lewinnek）、卡伦·莱斯特拉（Karen Lystra）、特里·斯奈德（Terri Snyder）、迈克·斯坦纳（Mike Steiner）、帕姆·斯坦勒（Pam Steinle）和利拉·森德兰（Leila Zenderland），以及有口皆碑的行政管理人员——卡罗尔·安格斯（Carole Angus）和卡拉·阿雷拉诺（Karla Arellano）。（特别感谢埃丽卡·鲍尔、亚当·戈勒布和"剪刀手"利拉·森德兰阅读并点评了本书的部分内容。）在教学、严谨治学以及参与真正的专业服

[①] 约翰·万·曼伦，麻省理工学院斯隆管理学院教授。曾任耶鲁大学、萨里大学和欧洲工商管理学院访问教授。

务方面，我的同事们都堪称楷模，平日里他们不断鼓舞着我，能够加入这个欢快而亲密的团体让我倍感荣幸。

还要感谢我的父母——金杰·莱恩（Ginger Lane）和吉姆·莱恩（Jim Lane），他们让我们几姐妹都形成了阅读的爱好，使我们明白了教育本身就理应是一种奖励，他们还让我们查阅《世界百科全书》（World Book Encyclopedia）里的所有内容，尽管这在当时让我很不耐烦。我很感谢他们和其他的家人——吉姆·怀特（Jim White）、唐尼·莱恩（Tawny Lane）和阿莉·纽泽尔（Arlie Nuetzel）、希瑟（Heather）、迈克（Mike）和梅甘·奥尔森（Megan Olson），也感谢安妮塔·韦林斯（Anita Wellings）和她的家人多年来给予我的关爱、智慧和鼓励，还要感谢史蒂夫·罗曼（Steve Roman）提供的睿智而温和的指导。

盖伊·切特（Guy Chet）在这整个过程中就是我的最强后援，他阅读了全书的好几版草稿，还奋勇地（尽管并不顺利）添入或删除了至少一千个逗号。我们俩的友情珍贵而特别，为此我永远心存感激。我也要向另一些好友表达诚挚的谢意，特别是艾哈迈德·阿夫扎尔（Ahmed Afzal）、大卫·克里斯蒂安（David Christian）、埃米莉·科波克（Emily Coppock）、约翰·科波克（John Coppock）、拉娜·达利（Lana Dalley）、香农·肯珀（Shannon Kemper）和夏洛特·穆尔（Charlotte Moore），他们可爱又真实，我的世界因他们而变得无限美好。

还要向马特·斯特林（Matt Sterling）致以衷心的谢意，感谢他的耐心、爱心和喜爱，以及尚未到来的一切。最后，感谢我的小狗爱丽丝。

目　录

导言　坚韧、信念与自由市场…………………………………… 1

第一章　硅草原…………………………………………………… 23

第二章　一人公司………………………………………………… 47

第三章　最难的工作……………………………………………… 93

第四章　失业期间的仪式………………………………………… 117

第五章　靠妻子养家的男人……………………………………… 153

后记………………………………………………………………… 194

注释………………………………………………………………… 241

参考文献…………………………………………………………… 259

导言

坚韧、信念与自由市场

1　　尽管亚历克斯·布罗德斯基[1]这一年来几乎每晚都在达拉斯北郊的一家牛排馆打杂，但他从不觉得自己是个服务生。相反，他说：

> 我非常确定的一点是，如果有人在这儿给我拍张快照，我可以看着这张照片说"这不是我的生活"。因为我知道，我虽然现在以端盘子为生，但我不是个服务生。

2001年秋，我第一次见到亚历克斯，他那时已被一家互联网咨询公司裁员，失业了6个月。这次裁员并没那么出人意料，但亚历克斯和同事们对整个过程相当失望。虽然当时他们身处的互联网行业的泡沫已经破灭，但公司高层向员工们保证，大家的工作都安稳无虞，直到有一天高层把整个办公区的人都裁了。

> 我感觉自己就像个牺牲品，因为我们公司的首席执行官确实对我们撒了谎。他们确实对我们不诚实，［但］我并不

觉得生活给了我一手烂牌。我对这种想法没什么兴趣。我想的就是我现在该怎么办，下一步该怎么办？我能干些什么？我得把这点想明白，然后才能继续生存下去。我从没有"为什么会是我？"这样的［反应］。让我觉得受伤的只是那些以不愉快、不光彩的方式对待我的人，可哪怕是这样，我还是得签下那份文件，保证我不会回头起诉公司——事实证明我有理由这么做——但就在签这玩意儿的时候我也在想，你明白吧，就是我倒还有希望去别的地方工作。我的努力和精力得用在那方面，而不是这上头，所以我签了，因为我觉得不管对错，我都不想掺和到这里面去。我想继续前进，做些别的事，干点我喜欢的事，而不是陷入这种充满恨意的报复性的破事儿里去。我发现止损是相当容易的，我觉得自己也一直都是这么做的。有些事根本不值得努力，与其在这方面付出，还不如去干点对你更有好处的事。

亚历克斯被裁时已年届不惑，他相信自己很快就能找到下一份工作，而且是真正值得他付出努力和精力的工作。亚历克斯在上一家公司任职的四年间，是信息架构这一新兴领域（涉及监督网站导航系统及设计的开发和管理）的佼佼者，在本地和国际上都颇有声誉。此后的几个月里，亚历克斯通过求职网站递交了数百份简历，还参加了达拉斯-沃思堡地区的招聘会，以及各种为高科技人才举办的交际活动。他广泛联系了自己私人及职场关系网中的相识们，向他们介绍了自己的近况，请他们帮忙找找门路。他面试过一次，可这份工作在加州，离他的父母和岳父母有3000多公里，他的太太汉娜是一名高中英语老师，可是在加州没有教学资质。他放弃了这份工作，不过这家公司对他的兴趣重振了他的乐观情绪，尽管高科技领域的就业市场已经饱和，但他觉得新职位不久就会出现。

接踵而来的就是9月11日的恐怖袭击事件，亚历克斯说："这片阴霾笼罩了一切。"对高科技行业平均求职用时的估算从3个月延长到了6个月，直至延长到12个月，然后人们就彻底终止了这种预测。几个月之后，亚历克斯发现自己很难再保持当初的乐观情绪了。

3   我参加过这样的招聘会，就是在前面走走，然后就转身离开了，因为可能只有10～12个职位，却有150～350个人站在那儿，我就不想往这群人里头钻了……你如果失业的话也是一样，你也会身处这种境地，开始出现厌倦自己的声音。你会厌烦一再讲述自己的故事……因为在那些日子里，你会觉得自己就是在一大群人里冲着另一群人叫嚷。你身处的这群人当中的每个人都隔着一条裂隙对着另一群根本没在听的人喊话。这样的日子真是难熬。

此后的一连串意外危机又加剧了求职失利带给他的挫败感。

9月下旬，亚历克斯在去参加招聘会的路上出了车祸，他的车彻底报废，自己也因多根肋骨骨折而被送进了急诊室。家里只剩下一辆车和一大笔医疗账单，在找到替代处方之前，亚历克斯服用的止痛药一直让他昏昏欲睡、无精打采。几乎在同一时期，两岁的女儿艾拉也意外生病，不得不住了好几天医院，她虽然恢复得很快，但也留下了一笔账单。此时的信用卡欠款已经让夫妻俩不堪重负，于是只好宣布破产。尽管免除了债务，"回到了零点"，一家人还是很难仅靠汉娜的教书工资维持生活。

再失业就要坐吃山空了……我知道我每个月得挣多少钱才付得起账单。我的首要目标是让我们不必[从租来的房子]搬家。我们有一些被人称之为奢侈品的东西，比如有线电视和手机之类的。我们并不是非得放弃这些玩意儿，[但]我们已经处在了一个财务的临界点上……我只能干些别的来搞点收入。所以我就决定回去推销牛排了。

亚历克斯说他很快就"明白了很多中年男人不愿当服务生的原因"。这份工作让人精疲力竭，对情绪管理的要求也很高。"你老是得对着那些只欠把屎给揍出来的家伙笑脸相迎。这让人烦透了，更别说收入还降了85%……你得笑，不笑就只能哭了。"

实际上，在近十年前，亚历克斯也在这家餐厅打过工。30岁

4 　那年被裁员之后，他在妻子的催促下回到学校攻读学士学位，还第一次干起了服务生的工作，为汉娜减负。他一毕业就辞了职，在打工的最后一天，他给当晚的最后一桌客人买了一瓶红酒，然后告诉他们："除非发生什么重大的命运逆转，不然你们就是我服务的最后一桌客人了。"十年之后，在达拉斯的一条高速公路旁的商业街里，我们俩找了一家咖啡馆，亚历克斯坐定后对我说：

> 那段话，那个句子，我当然一直都忘不了。"除非发生什么重大的命运逆转。"嗯，是的。我觉得现在就可以说是一次重大的命运逆转了……以前是在麦迪逊大道上的董事会议室里侃侃而谈，如今是在得克萨斯州普莱诺的大红牛排馆42号桌边侃侃而谈——这个差别可不是一般的大。

然而亚历克斯在谈论这次命运逆转的时候却并没有抱怨炒掉了他的公司，没有批评那些导致互联网泡沫破裂或后"9·11"时代经济衰退的更广泛的经济、社会和政治力量，也没有哀叹就职的企业已经越来越缺乏稳定性的事实。相反，他乐观地调动了个人的力量来承受这样的困难期，而非与之对抗。"情况会好转的，"他说，"只要你给自己创造机会。但与此同时，你也得做你必须做的事。""如果要说句口头禅的话，那就是这句了，做你必须做的事。"他在失业期间说道。

***

本书讲述的就是亚历克斯和他这样的人，这些人有一种坚韧的信念，认为只要做了自己必须做的事，就有能力改善自身的处境。

然而这也是一本非同寻常的书，其中不仅谈到了一个由苦苦挣扎的科技工作者构成的特定群体，也涉及一种意识形态，一种思考世界及其运作方式的途径，以及生活在这个世界中的人们的权利和责任。具体而言，本书讲述的就是一种新自由主义信念，即坚信个体能动性、自由市场的逻辑和效率，以及如今这种不稳定就业体系的天然性。因为现在人们虽普遍认为新自由主义作为公共政策的基础已经失败了，但我认为它在塑造美国人个体生活方式和世界观方面仍持续发挥着强大的作用。当求职者们谈论自己的生活、失业、职业并坦承自己对老板、家庭和未来的期许时，他们表达的就是一套明确的新自由主义价值观和信念，尽管他们不会使用这个术语。他们相信自由市场的效力和公正，偏爱个体责任而不是集体行动，支持经济全球化（即使他们自己的工作岗位流向了海外），对大多数形式的政府干预和集体行动论不屑一顾，认为它们即便无害，也是无效的。在他们看来，大多数问题可以通过个体能动性和运转正常的自由市场来合力解决，无论这些问题有多么根深蒂固。最后，他们信心十足——相信自己工作的价值，相信美国经济能够长期繁荣，相信坚持这种信念的人的未来，尽管这种信念有时会招致沉重的代价。

就某些方面而言，在现今时代对新自由主义展开新的研究是挺奇怪的。始于2007年的"大衰退"已迅速打破了美国经济和全球金融市场的稳定性，有人说新自由主义的各种假设自那时起就已经被彻底证伪了。连美联储前主席（或许也是美国最具影响力的新自由主义经济政策的实行者）艾伦·格林斯潘也承认他对自由市场意识形态所显露的缺陷"感到震惊"，还表示"整座智识大厦在［2007年］夏天崩塌了。"[2]此外，有很多著作也追溯了新自由主义思想和治理模式在美国及其他地区的根源、应用和影响，其中最突出的是大卫·哈维的《新自由主义简史》（*A Brief History of Neoliberalism*）。[3]

现有的著作，包括哈维的著作在内，往往将新自由主义表述为一群松散的经济精英的发明，他们会利用这种意识形态来收复、维持或巩固自己的权力和成就。在这些叙述中，新自由主义者就是推动新自由主义政策（或至少是以新自由主义为名来推动各项政策）的商业巨子和政治领袖，而这些政策就是为了推广自由贸易、全球化和个体责任，同时限制或根除国家提供的社会服务。哈维还指出："简言之，新自由主义作为话语模式已居霸权地位。它对各种思考方式的广泛影响到了这种程度——它已成为我们许多人解释和理解世界的常识的一部分。"[4]可哈维在此提及的"我们"到底是谁呢？他那部经济史著作中的主要人物都是一些政治家——玛格丽特·撒切尔、罗纳德·里根、奥古斯托·皮诺切特、比尔·克林顿和小布什，然而这个群体几乎没法代表他所说的被新自由主义霸权所支配的人。托马斯·弗兰克（Thomas Frank）[①]的《上帝之下的一体市场》（One Market under God）考察了美国与自由市场意识形态之间的浪漫关系，其列出的阵容略有扩大，但主要还是比尔·盖茨、沃伦·巴菲特、托马斯·弗里德曼（Thomas Friedman）[②]和汤姆·彼得斯（Tom Peters）[③]这样的自由市场权威和精英。非精英人群依然没有被考虑在内，然而实际上正是这些人在用新自由主义的观点来理解自身不那么公开、不那么光鲜也没多少钱可赚的日常生活。

学界已经开始通过对那些生活在所谓的新自由资本主义社会中的个人和社群所作的民族志报告来弥合这一裂隙。重视长期参与观察和开放式访谈的民族志格外适用于这项工作。研究者能够借此来探究不同文化背景下的人以何种特定方式来体会和理解各种观念及政策。民族志还可以体现出人们在抗拒、调节和接受主流逻辑时所采取的一些带有细微差别和文化特殊性的方式。例如，《不平等的新景观》（New Landscapes of Inequality）就阐明了新自由主义是如何在既有的种族、社会性别、阶级和生理性别

[①] 托马斯·弗兰克，文化批评杂志《异见者》（The Baffler）的创始编辑之一。

[②] 托马斯·弗里德曼，犹太裔美国新闻记者、专栏以及图书作家，曾三次获得普利策奖。

[③] 汤姆·彼得斯，美国经管类作家，著有《追求卓越》（The Pursuit of Wow）等。

不平等的基础上建立并愈演愈烈的。[5]这本书里的大多数文章专注于揭露社会中最脆弱的成员在多大程度上又进一步受到了新自由主义政策、实践和话语的伤害。其中有两个章节以芝加哥为背景，明确地阐述了一些美国人（即书中提及的一个中产化街区的黑人居民以及拉丁裔高中生）是怎样逐渐接受了那套以个体责任话语来解释结构性不平等的意识形态。[6]尽管这本书对当代美国的民族志研究做出了重大贡献，但其描绘的世界主要还是由富裕的推动者和贫穷的牺牲者构成的，忽略了众多中层民众的经历和意识形态。

人类学家项飙在2007年展开的一项研究切实考察了亲市场的个人主义理念和政策怎样影响了那些不完全处于经济光谱两端的人群，尽管其研究并不是在美国进行的。项飙跟印度的信息技术（IT）工作者往返于澳大利亚，随他们在日益全球化的劳动力市场中来回穿梭。[7]这些工作者坚信个人价值的力量及其工作被评价（或者准确点说就是被贬低）所依据的那种等级制的天然性。然而就像项飙巧妙地指出那样，新全球经济那被世人赞誉的灵活性要远超IT工作者们自己承认的程度，它植根于更加世俗而不平等的物质现实。

在本书中，我打算继续开展这项重要的记录工作，对那些在21世纪头几年里失业的美国高科技产业白领展开一次民族志调研，以经验性细节来展现个人主义的亲市场意识形态如何塑造现实中人们的生活方式和世界观。

如序言中所说，我的田野工作始于2001年，当时我开始接触并采访了一些失业的科技工作者。有些受访者是我在业内活动中结识的，还有一些是通过线上讨论组和发给达拉斯科技工作者的电邮名录找到的。[8] 口口相传的方式发挥了核心作用，因为受访者又让我接触到了他们失业的朋友和前同事。各种职业协会、交际小组和求职研讨会的负责人也大方地允许我参会，向大家介绍自己，并邀请求职者参与我的研究项目。有一个团体的创始人还好心地利用他在当地一家科技杂志上的定期专栏为我招募受访者。

然而无论是招募受访者还是进行持续的参与观察，我最重要的调查现场还是面向失业科技工作者的团体和活动（而不是求职者也可以参加的那种面向在职人员的业内活动）。正如我在第四章中所描述的那样，达拉斯的很多组织（其中大多数是非营利性组织）会给失业者提供教育、职业和社会方面的支持，其中很大一部分都是专门服务于那些在高科技领域求职的人，"高科技"的定义往往比较模糊，什么是"高科技"，取决于交谈的对象。我使用的这个术语涵盖了计算机硬件和软件、信息技术、电信以及其他与互联网相关的产业。大多数受访者曾就职于高科技公司，但也有少数人在非高科技公司从事高科技工作，比如为银行管理数据库或给零售店设计网站。

在2001年和2002年，我在这些活动中持续进行了18个月的田野调查；在2003年和2004年，我定期拜访了受访者，了解他们的

8 最新境况。在那段时间，我观察了20多个面向失业群体举办的会议和活动，有些我每周都会去一次，持续了6个多月。我参加过招聘会、求职培训班和一些交际活动，其中既有正式的、有组织的活动，也有喧闹的酒吧派对。得到活动负责人的允许之后，我通常会向大家介绍我是一名人类学家，要为一个研究项目采访高科技领域的求职者，并邀请感兴趣的人在活动期间或事后与我联系。我最终和400多名失业的专业科技工作者进行了交流，还采访了当地高科技活动和职业协会的负责人，以及职业生涯顾问、招聘人员、在职高管和一些求职者的配偶。这些人的见解和经历为求职者的自述提供了重要的补充信息，他们有时会呼应失业者的看法，有时则与其意见相左。

我还对75名求职者进行了开放式访谈（形式就是个人交流，没用问卷），在三年时间里，我对其中某些人进行过6次以上的访谈，在2009年，我又和其中9人再度取得了联系，并展开了后续访谈。（虽然我把所有受访者都称作"求职者"，但在我采访他们的时候，有些人实际上已经找到了某种形式的工作，包括高科技领域的短期或兼职职位，或者完全无关领域的普通低薪岗位工作。不过这些工作者都把自己定性为失业人员，所以我也是这么认为的，因为他们仍积极地想在自己过去的行业或相关领域中求职，以期获得薪资和地位更接近他们此前水准的职位。）我的目标是在达拉斯的求职者中寻找多样化且具有代表性的样本。尽管有种主流成见认为在2001年被裁掉的科技工作者就是些20岁左右的互联网从业者,像伊卡洛斯①一样飞得太高太快,他们的骤然跌落在很多人眼里也是命中注定,但其实这些求职者大多都出自实际上发展更为平稳的电信和计算机领域。我访谈的对象有男有女,有20多岁的年轻人,也有60多岁的老人,有白人、非裔美国人、拉丁裔的本地人和移民,也有印度人、巴基斯坦人、华人和日本人这样的亚裔美国人。⁹不过就像达拉斯的高科技劳动群体一样,大多数受访者都是30～50岁之间的白人男性,且至少都有大学学历。大多数人在职时的年收入在4万～10万美元之间,主流评估会将他们置于中层或上层偏下的阶级。生于得克萨斯州的人很少。共和党人和民主党人差不多各占一半,有少数无党派人士居于其间。所有人都格外慷慨地贡献了自己的时间、诚意和洞见。

按照有些人的说法,这些被裁掉的高科技工作者就是经济全球化和自由市场意识形态的典型牺牲品,尽管他们自己大多不这么看。他们的前雇主通常也曾明确地警告过他们,忠诚和安稳已不再属于劳资间的社会契约②,相应的,福利、养老金、退休账户、全职工作日程或公司出资的培训也已成明日黄花。他们的

---

① 伊卡洛斯,希腊神话人物,曾与父亲代达罗斯一起用由蜡和羽毛做的翅膀飞离克里特岛,却因飞得过高而被太阳晒化了粘连翅膀的蜡,最终坠海身亡。

② 社会契约,广义上即社会成员共同默认的一些社会准则,在本书中一般指劳资之间的责任和义务。

职业生涯注定要被一大堆兼职、短期且多半是约聘①的职位所取代，同时由失业期、不充分就业期和自谋职业期串联起来。很多求职者被裁后只能靠微薄的失业救济金过活，以至负债累累，不得不接受低薪岗位的临时工作，还要担心家庭的经济状况，最终陷入了抑郁、自我怀疑和心灰意冷的情绪之中。

然而从另一个角度来看，失业的科技工作者又不那么适合充当不近人情的剥削性市场力量的可怜牺牲品。首先，科技界求职者很少会觉得自己是前雇主或更宽泛意义上的资本主义的牺牲品。（与前几代失业白领不同，他们也不会因被裁而自责，至少大多数时候不会。）他们认为这种新经济中确有输家，但输家不是他们。在他们眼里，输家就是一些落伍的人，这些人没能摆脱"组织人"②的依赖心理，还傻乎乎地指望家长式的雇主给他们提供工作保障，维持其财务上的稳定。相比之下，如今这些员工则自视为"一人公司"（Company of One），即从事打造、改进

---

① 原文为"contract"，直译为"合同"。但美国的"contract worker"或"contractor"与中文语境的"合同工"不同，"contract worker"都是短期聘用，一般为几个月到一年，不是正式员工，也不享有企业福利和假期，需要自己缴纳社保，很多时候是与劳务中介或猎头公司签订合同，更类似中文语境的"临时工"或"派遣工"，本书将这类职位译为"约聘"，同时将"independent contractor"译为"独立约聘人"。

② "组织人"是社会学家威廉·怀特（William Whyte）提出的概念，意指组织里那种忠心耿耿、墨守成规的成员。

和营销"你的个人品牌"①这一持续性劳动的创业主体。无论是失业还是有全职工作，他们都把自己塑造成了某个市场中有见识且能够自立的竞争者，而非职场失败者或需要依赖他人的雇员，一旦市场"自我修正"，他们依然能通过高薪岗位的职业（即使不一定稳定）来肯定和回报自己的工作价值。

归根结底，这些工作者既不是被动的牺牲品，也不是被赋予了权力的自由主体。他们看待世界的方式以及他们在这个世界上所做的选择，都是他们所处的历史文化背景的产物。理解这一背景需要追溯相互交织的多重历史——思想史、经济史和文化史；理解这一背景如何塑造这些人的信念与行为，就需要倾听他们自己的看法。

就像埃米尔·涂尔干（Emile Durkheim）所指出的，不可能脱离道德信念来考量经济活动，因为经济行为往往蕴含着道德维度。[10]对于世界的运转方式以及该怎样最大限度地在这个世界里增进自身利益，求职者心中的模型就像所有讲述世界如何运转的故事一样是个神话，原因不在于它是虚假的，而在于它是人造的，是一种将社会道德秩序概念化并让自身置于其间的象征方式。我就是由此去确认和理解这一系列神话般的信念以及信奉它的个体的。我追溯了求职者是如何利用既有的意识形态、话语和

---

① 原文为"the brand called you"，最早可追溯到汤姆·彼得斯于1997年发表在《快公司》（*Fast Company*）上的一篇文章，文章提出了"个人作为一个品牌"的理念。

个人经验来构筑一个有意义的世界模型,以及他们在其中的位置。我仔细考量了这些信念是怎样塑造个人在漫长的失业和求职过程中的日常活动和经历的,比如他们独自一人待在家庭办公室、与家人坐在餐桌旁,以及在招聘会和社交活动中与成群结队的求职者共处的情形。我还研究了这些观念通过各种集体仪式和物质现实而逐渐得到提炼、传播和维系的过程及途径。简言之,我力求为美国白领在职业和经济危机中的生活、感受和思考方式描绘出一幅细致的图景。

本书以现有的研究美国白领的学术成果为基础,并与之相结合,其中至关重要的当属凯瑟琳·纽曼和凯瑟琳·达德利的成果,她们对经济危机和阶层下滑的研究从一开始就对这个项目产生了影响。[11]在很多方面,我都把自己的这项研究看作是纽曼和达德利研究"前情"的"后续"。纽曼发现,20世纪80年代的失业经理人一直在根据一种"工作并成功"的文化模式努力理解自身的职业经历,而这种模式正在数十年来不断变化的就业结构的重压下渐趋瓦解。由于深陷精英个人主义的管理文化之中,这些白领会将职业成败归因于个人能力,一旦失去工作,他们只会责怪自己。25年后,也就是我开始研究失业的科技工作者的时候,不稳定已经成了科技工作者职业生活的最大特征。尽管与前辈们一样,这些在21世纪头10年里被裁掉的科技工作者对个体能动性也抱有强烈的信念,但他们却把20世纪80年代的那些自责的经理人当成了应对裁员的反面教材。20世纪90年代,凯瑟琳·达德利就工厂倒闭采访了威斯康星州基诺沙县的一些白领，发现他们都毫不掩饰地对此表示赞成，觉得这是社会和技术进步的必然副产品，然而工厂的倒闭却将他们的蓝领同事们推入了失业大军。如果他们自己的工作岗位流向了海外的竞争者，那他们还能这么乐观地面对经济变化吗？这似乎是个显而易见的问题，也是我在近10年后展开的这次调研中能够回答的问题。

我的调研还直接从此前众多的民族志研究、工作文化史和美国文化中汲取了不少养分。[12]我特别感谢那些钻研高科技工作与雇员文化的学者，我在本书中引用了他们的大量成果。其中有很多写于互联网泡沫巅峰期的学术著作都有力地捕捉到了新一代工作者的理想主义和意识形态，而他们正以此塑造他们所认定的适用于未来工作的组织结构和文化。我自己的研究就起始于21世纪初的科技界危机时期，完成于另一次更加剧烈的经济衰退期，而目的则是要融合并扩展上述研究已经开启的这种重要对话。

我也不是第一个以就业不稳定或失业专才的意识形态为课题的学者。芭芭拉·艾伦瑞克在白领求职界的卧底之旅（包括参加各种职业指导课、招聘会、联谊活动、求职研讨会和参与一次职业装扮改造）从全国层面确认了我在第二至五章中探讨的那些动态和趋势。[13]艾伦瑞克展示了一个行业内潜在的一些让人崩溃的荒谬之处，其初衷就是要让那些受制于动荡的劳动力市场和日趋严苛且变化莫测的求职过程的人陷入绝望，以便从中渔利。她曾在多个州短暂停留，其研究结构表明了她和我所描述的白领求职文化是无处不在的。然而这种多点（multisited）的方法不能对求职者个体进行更深入的描写，他们给人的印象就是个有点像铁板一块的神秘群体。理查德·桑内特（Richard Sennett）在《职场启示录：走出新资本主义的迷惘》（The Corrosion of Character: The Personal Consequences of Work in the New Capitalism）一书中也探讨了"灵活"就业给美国工作者造成的损失。[14]他认为，现代工作的短期性和零散性剥夺了员工曾用来支撑其价值观和身份认同的稳定性、自主权和使命感。桑内特的结论很有说服力，让人心生不安，但他的叙述是以长篇哲学随笔的形式呈现的，缺乏在更大的群体中进行长期田野调查所能提供的经验证据和田野细节。

　　为了弥合这一裂隙，我打算将求职者自己的话语和经历置于核心位置，以一种既准确又富有同情心的方式阐明他们的世界观，用克利福德·格尔茨（Clifford Geertz）①的话来说，这种方式"既能显露他们的常态，又不会削弱他们的个性"[15]。我不会止步于轻松的批评或遥远的抽象概念，我希望能超越人们对这些求职者所做的简单化评价，比如认为他们就是资本主义制度下的受骗者，或是一些为之前的冷漠和过高收入买单的人，又或是准备在这种新经济结构中索求自身正当地位的勇敢的自由主体。与之相反，我希望能给这些群体勾勒出一幅恰当的群像——他们都在努力地理解周遭不断变化的世界，并以一种能充实其存款账户

---

① 克利福德·格尔茨，美国人类学家，象征人类学的代表人物。

和灵魂的方式来应对这个世界的复杂性。如果当前的经济和管理趋势持续下去，那他们的经历或许也能让我们窥见未来。塑造当今白领工作的许多重大变化——工作更换频次的上升，对业务外包、离岸外包、兼职或约聘工的扩大化使用，工会的相对缺席，高速的组织变革和科技变革，以及普遍存在的自谋职业和创业——长期以来都是高科技工作结构和文化的核心。随着这些转变向外扩散到大多数的工作领域，科技工作者的经历和意识形态可能就会像美国劳动力矿井中的金丝雀[①]一样，沿着前方的职业路径直奔而去，以识别那些等待他们的可能和危险。

＊＊＊

在第一章，我会介绍达拉斯高科技产业的历史，从这些产业在战后的制造业源头谈起，再谈计算机、电信和互联网产业的兴衰，一直讲到后"9·11"时代的经济衰退和失业回潮。

在第二章，我会随达拉斯地区的求职者一同经历他们被解雇以及求职的早期阶段，审视他们在面对新困境时让我感觉相当意外的那种缺乏愤怒和焦虑的态度。在这一章里，我概述了职业生涯管理的意识形态，它代表了美国白领的心态在就业、依赖性和

[①] 金丝雀对有毒气体十分敏感。英国矿工们曾长期带着金丝雀下井，一旦金丝雀有恙，他们就会马上撤离。

安稳性方面发生的历史性文化转变。对职业生涯管理的最佳描述或许就是"组织人"群体——若要提供一个更现代的文化参照，那也可以说就是《谁动了我的奶酪？》的拥趸们——而设的新自由主义，其基础则是悠久的管理理论史和美式精英个人主义与阳刚精神的神话。[16] 它让长期缺少稳定就业的状况变得理所当然，并将由此产生的不稳定性强行转换成了一种赋权的选择，以取代对单一雇主的依赖，并明确开出了一些个人主义的、非政治性的、亲市场的药方，人们借此就可以在一个日益全球化且竞争日趋激烈的世界中找到自己的最佳位置并取得成功。

在第三章，我考察了求职者的求职经历——他们在网上找工作时的挫败感；在抑郁、孤立和沮丧中挣扎的情形；以及他们在寻找门路，向潜在雇主推销自己，同时在维持自尊和积极态度等方面采取的具体策略。到目前为止，在失业的科技工作者当中，最普遍也最受认可的求职方式就是交际。

我在第四章简要回溯了交际的历史，其中既有那种"跟朋友和家人谈谈"的老办法，也有更复杂而广泛的有组织的交际活动体系，在这些活动中，求职者们会聚到一起，交流各种信息和求职策略。我对一次特别的交际活动做了深度描述，因为我认识到这些团体在支撑求职者的精神、社群意识和职业认同感方面起了很大作用，但同时也削弱了公开批评和集体行动的可能性。

在第五章，我更明确地把重点放在了失业所造成的物质现实上。尽管这些求职者在承受长期失业压力方面要强于很多人，但他们也确实面临着财务上的挑战，所以力图通过削减开支、用尽储蓄、借债和从事低薪零工来缓解压力。然而这一章的核心问题是，那些自诩灵活、柔韧且有创业精神的自由主体究竟在多大程度上要依靠在职配偶的稳定收入来维持其就业间断期的偿付能力。此后，我还分析了在双职工家庭兴起以及在婚姻和男子气概的传统观念发生剧变的情况下，新的工作与职业意识形态发展出了哪些路径。尽管对配偶的依赖在某些方面起到了缓冲作用，能应付失业带来的严峻的物质和情感挑战，但这也不无代价，尤其是对女性求职者而言，她们在依赖配偶收入方面远不如处境相似的男性舒服。

在本书的后记中，我把故事延伸到了2009年，当时正值失业率飙升的全球金融危机时期。我提供了前几章涉及的一些求职者在职业和个人状况上的最新进展情况，了解了他们的信念在第一次接受我采访之后的5年里是否发生了变化，以及个中原因。整整8年前，他们中的大多数人第一次失业，而此时的市场并没有像他们当中很多人所预测的那样进行自我修正，这实在让人震惊。我让他们给新一批失业的工作者（其中有些也是再次失业的人）提了些建议，还让他们对自己、本国的同胞以及他们坚信会回馈其忠诚的经济结构的未来做了预测。

第一章

硅草原[①]

[①] 即达拉斯,因当地密集的高新产业区而得此名。

15　　1985年1月，400名颇有影响力的达拉斯人应邀参加了信息集市（InfoMart）的开业庆典，这是一项耗资9700万美元的高科技营销计划。在享用过奶油蛋卷三文鱼、鱼子酱土豆片、迷你韭葱和香草馅饼等开胃小菜之后，来宾们又品尝了鱿鱼配冰鸡油菌酱、用核桃壳装的野鸡肉慕斯和四季葱调味汁。接着是洋蓟心奶油龙虾汤，以及爽口的西柚冰沙。在主菜小牛肉之后还有用豆瓣菜、比利时菊苣和西红柿拌成的冬季沙拉，调味汁是简单的橄榄油和柠檬汁，随后又上了一道奢华的甜点：郁金香形的曲奇外壳里塞满了栗子慕斯和巧克力装饰，还搭配了用白巧克力做成的叶子和栗子形松露。[1]

　　这顿让人难忘的法式盛宴只是为宣传达拉斯新的"信息宫殿"而举办的16项活动之一，这座占地面积近15万平方米的建筑参照了约瑟夫·帕克斯顿（Joseph Paxton，他实际是一名园丁，

16　而非建筑师）为1851年伦敦世博会设计的水晶宫。帕克斯顿的那座玻璃宫殿占地面积约9.3万平方米，其建造初衷就是为了展示工业时代的产品，进而实现那次展会的目标，即向世人呈现"一个所有国家都可以在上面找到未来努力方向的生动的发展蓝图"。[2] 近一个半世纪后，达拉斯的信息集市建成，其目的是展示一个新信息时代的技术革新。信息集市的建筑师马丁·格罗沃

尔德（Martin Growald）在设计这栋继承了水晶宫风格的20世纪建筑时，借鉴了前者的许多结构细节，他希望能同时反映出水晶宫原初的建筑样式和它的"精神与前瞻性目标"。与水晶宫一样，信息集市也有精致白色铸铝板装饰的金属与玻璃框架，带一个半圆柱形的拱顶，这两点都有助于打造出温室般的外观。这栋建筑的内部也反映了水晶宫的各种元素，包括一个精心设计的水晶喷泉，多个英式的红色电话亭，以及一个中庭（没有前者的鸟舍），连木地板的图案也和水晶宫一模一样。[3]

这栋建筑充满了19世纪宫廷风情，但实际上只是一个用来承载20世纪末科技的容器。信息集市被设计成了一个计算机贸易市场，一栋由七层楼高的陈列室、展览空间、报告厅和会议室构成的"高科技巴扎①"，其间全部配备了尖端的计算机和电信设备。[4] 这种将众多供应商集中于一个商业区位的贸易市场的概念在高科技产品和服务领域的革命性应用，预计每年能吸引35万以上人次的来客，并巩固达拉斯作为一个足以享誉全国的高科技中心的地位。为庆祝信息集市开业，州长马克·怀特（Mark White）宣布，从1985年1月21日开始的那一周即为得克萨斯州的"信息处理周"。[5]

---

① 巴扎（bazaar），即集市。

图1　水晶宫。这座宫殿为1851年伦敦世博会而建，1936年被烧毁。图片来源：Hulton Archive/Getty Images。

信息集市自建成以来就饱受批评。有些人从美学的角度发起抵制，将其白色蕾丝镶边的外立面形容为一块"金属玻璃婚礼蛋糕"，或是"一艘19世纪50年代的密西西比巨型明轮船①即将起锚"。[6]还有人更担心它的财务可行性，尽管开业时盛况空前，但信息集市当时的展览空间使用率还不到一半。（事实证明很多客人来这儿并不是想买计算机，而是为了搭乘玻璃电梯。）在

---

① 明轮船是一种两侧安有轮子的船，由于轮子的一部分显露于水面之上，因此被称为"明轮"。

此后的20年里，信息集市的前景以及公众对它的看法一直起伏不定。尽管其入驻率从未达到预期目标——计算机贸易市场的概念在短短几年后就被弃如敝屣，但关于信息集市的空间在特定时间段内是如何（以及有多大比例）付诸使用的故事，与更广泛的达拉斯高科技产业史以及想把这里打造成与加州硅谷齐名的高科技地区的努力都是紧密相连的。然而达拉斯科技产业历史的开端要早得多，信息集市外观的玻璃和金属光泽对那时的达拉斯人来说还难以想象。

图2　信息集市，以水晶宫为原型，坐落于达拉斯市中心的一条主要的高速公路旁。摄影：南希·温德罗-皮尔斯（Nancy Windrow-Pearce）。

二战之前，达拉斯是美国的一个小型制造业中心，主要的产业就是食品加工、制衣、印刷和出版。二战期间，达拉斯与邻市沃思堡都受益于战时蓬勃发展的国防工业，在得克萨斯州议员萨姆·雷伯恩（Sam Rayburn）和林登·约翰逊（Lyndon Johnson，时任参议院多数党领袖）[①]的大力游说下，很多国防工厂都建在了该地区。不少公司也被达拉斯有利的营商环境所吸引：这里税率较低，地价便宜，劳动力也便宜；大部分人没有加入工会，生活成本不高；自然资源丰富。到20世纪40年代，制造业已成为达拉斯郡主要的就业来源，1947—1987年，该郡的制造商数量增加了两倍多。仅1949年，平均每天就有5家新企业开业，每月有13家新厂落成。这些新企业有很多都集中在计算机和电子行业。像德州仪器（Texas Instruments）这类原本从事石油和天然气勘探的公司拿下了可观的国防工业合约，将顶尖的工程人才吸引到了该地区。这些公司又催生了一代代衍生企业，使得达拉斯在1970年发展成了全美第三大科技中心。[7] 1974年，达拉斯–沃思堡国际机场建成，其位置距纽约、洛杉矶、墨西哥城和多伦多大致相当，这不但巩固了达拉斯作为全国金融和商业中心的声名，也增强了该市作为企业总部所在地的吸引力。

在高科技公司集群化发展的趋势下（加州的硅谷、波士顿的128号公路创新走廊和北卡罗来纳州的科研三角园都是个中例证），那些从德州仪器衍生出的公司，或与之有生意往来的公司以及达拉斯其他高科技公司开始向这些规模较大的同类企业靠

---

① 林登·约翰逊，美国第36任总统。

拢，其中很多公司的总部设在达拉斯北部的一个郊区——理查森（Richardson）。[8] 土地资源廉价而丰富的理查森不久就以"电子城"而闻名，事实证明这个地区就是一块能吸引新创企业和公司进驻的磁石。虽然该地区的高科技植根于计算机和其他高档电子产品的制造，但公司、资本和人才的聚集很利于达拉斯在其他高科技领域出现时展开迅速的扩张。

20世纪80年代初，美国电话电报公司（AT&T）被拆分，电信业随后也解除了管制，在此背景下，有数百家期望进入这个新市场的初创电信公司把总部设在了理查森（《1996年电信法案》使得所有通信企业都可以在任一市场与任何企业展开竞争，这个新市场由此变得更为开放）。这些公司大多是由该地区的计算机和通信公司的前雇员始创的，而且都拿到了充足的风险投资。它们沿着一条高速公路排成了长串，从达拉斯一直延伸到理查森以北的邻市普莱诺，然后又顺着垂直方向的乔治·布什总统收费高速公路（President George Bush Turnpike）向东西扩张，形成了"T"字形。这片地区很快就赢得了"电信走廊"的称号，其高速发展和电信市场的迅疾转向不久便引起了全国的关注。1989年，《华尔街日报》将理查森列为"20世纪90年代的繁荣城镇"之一。1992年，作为"美国新兴增长区"之一的"电信走廊"登上了《商业周刊》（*Business Week*）的封面，同年，理查森商会将"电信走廊"这个绰号注册成了自己的正式商标。[9] 尽管如此，达拉斯的领导者依然认为自己所在的地区不如硅谷和波士顿等其他著名的科技中心，他们渴望达拉斯即使不一定比它们更好，至少也能与其平分秋色。

尽管劳工统计局在1983年将达拉斯列为领先的高科技就业中心，达拉斯市长斯塔克·泰勒（Starke Taylor）还是在1984年成立了一个26人的特别工作组，来评估该市的高科技职业现状。[10]泰勒的忧虑正当其时，因为计算机和半导体行业在1985年陷入低迷，由此引发了大范围的裁员，许多小公司随之倒闭。[11]信息集市就是在这种环境下开业的，很多人都把这栋大楼没能在1986年达到预期的100%入驻率归因于经济低迷造成的持续震荡。另一些人则将其归咎于信息集市起初的设想就存在缺陷，认为计算机不能以服装和家具交易那样的方式来买卖。[12]（信息集市建于一个名为"市场中心"的大型建筑群内，其中四座建筑风格平庸的大楼里就开设了家具和服装等商品的批发市场。）为了争取差异化的细分市场，信息集市的管理层放弃了一站购齐的模式，重新专注于向各家公司及其客户提供计算机系统和软件应用方面的教育服务。这一转型反映了高科技产业正在发生更大的变化。有人指出，美国正在从基于制造业的工业经济向后工业时代的"服务与信息经济"转化。[13]各家企业都减少了对制造和销售计算机硬件的关注，而更多地开始聚焦于推广和提供以定制技术来解决业务问题的信息技术服务。在电信领域，新的热潮是光纤技术，这能极大地提高美国长途电话系统的功率，其传输语音和数据的速度比当时的微波通信系统更快，失真度也更小。信息集市很好地满足了这种新的需求，其公司入驻率于1988年上升到了60%以上，这栋大楼的花式木地板下铺设的先进光纤网络对此也助力良多，吸引了不少想要接入光纤网的公司。

除了带宽，这些新的IT和电信公司也需要人才。1988—1994年，得克萨斯州高科技业的就业增速是全国平均水平的两倍多，与计算机相关的服务业超过了制造业，一跃成为该州规模最大的高科技产业。达拉斯-沃思堡地区是这一增势的主要源头，该地区在1995年提供了州内一半以上的高科技岗位（几乎占得克萨斯州电信业岗位的80%）。[14] 当地虽不乏技术人才，但仍无法满足市场对熟练的技术工作者不断增长的需求，到2000年，达拉斯已开始从国外引进工程师和计算机科学家来填补其职位空缺。[15]

互联网及其在20世纪90年代催生的互联网公司的崛起在别处也有不少记载。[16] 实际上，一旦互联网从一种在政府资助下供大众免费使用的网络集合演变为私有化的商贸企业，风投公司（很多位于加州北部）便开始向那些想靠促进、推动或扩展人们对互联网的访问和使用来获利的公司大量注资了。高科技创业公司获得了近乎无限的风险投资，早期互联网企业的首次公开募股（IPO，即一家公司首次向公众出售股票）也取得了巨大成功，这使得很多人在20世纪90年代末宣称一种"新经济"诞生了。这种新经济的特点是"发生了根本性转变的产业和职业结构、引人注目的全球化趋势，以及达到了空前水平的创业活力和竞争——

这一切在某种程度上都受到了信息技术革命性进步的激励",旧的经济规则在其中都被认为已经不适用了。[17]因此,一家公司即使没有收益或可预见的未来收益源,也有可能被贴上"成功"的标签。

人们认为评估一家公司当前和潜在的未来价值的旧经济模型(如市盈率①)已经过时,股票估值变得越来越具有投机性。(根据后来披露的情况看,其欺诈性也越来越强。)在这个国家,投资者们都希望用炙手可热的互联网股票来提升其投资组合的价值,他们常常会根据媒体报道来决定是否买卖或买卖哪些股票,而这些媒体则往往会不加批判地炒作个别互联网公司和新经济的信条。[18]就在市场对互联网相关领域一片看好之时,急于利用这一投机泡沫的风险投资人和高管便迫不及待地让那些幼苗般的初创公司上了市。尽管硅谷已有的技术配套设施、现成的科技人才库、广泛的资金来源与自由主义冒险文化的结合使该地区成为美国的互联网中心,但包括达拉斯在内的其他地区也为不断壮大的互联网产业做出了可观的贡献。

1998年1月,《D杂志》(*D Magazine*,"D"代表达拉斯)向达拉斯的创业者和投资者发起倡议,鼓动他们投身于公认存在风险却极其有利可图的互联网创业领域。[19]文章声称,达拉斯通常都是科技革新和创业精神的摇篮,却在这次高科技爆发中变成

---

① 市盈率,也称股价收益比率,指股票价格除以每股收益的比率。

了落后者,其原因就在于工程师和其他科技工作者对安稳、高薪的电信业工作太过满意,以至不愿冒险创业。达拉斯曾是得克萨斯州的科技中心,现在却面临着被邻近的奥斯汀超越的风险。凭借规模庞大的科技领域研究型大学和亲互联网的叛逆文化,奥斯汀已经确立了自身作为互联网领域主要竞争者的地位。达拉斯的科技通们已经意识到自己所在的城市只是初涉互联网产业,跟南边那个更时髦的邻居相比只能是黯然失色,同时达拉斯还被描述成了这两个城市中速度更慢也更乏味的那个,这让他们十分恼火。该文的作者还担心,如果达拉斯依然这么过度专注于电信业,那么这个行业一旦出现十多年前能源业和银行业所经历的那种衰退,经济就有可能遭受沉重的打击,而这种衰退曾严重破坏了当地不够多样化的经济。这种担忧在后来至少得到了暂时的缓解,在仅仅两年后的2000年,《D杂志》就改变了看法,宣称达拉斯已成为"电子商务的第三海岸"。[20] 那一期的封面改动了格兰特·伍德(Grant Wood)①的标志性画作——《美国哥特式》(*American Gothic*),让两个30岁左右的白人互联网从业者出镜,配以USB接头和大码的极客风眼镜,他们身后则是俯视着农舍屋顶的达拉斯城市天际线。据报道,达拉斯不仅有很多较为古板的科技巨头冒险进入了互联网行业,也有一批较小的新兴创新

---

① 格兰特·伍德,美国画家,以描绘美国中西部乡村的画作而闻名。《美国哥特式》(1930)是其成名作。

图3 "硅草原已有一席之地。"封面出自2000年12月的《D杂志》副刊《电子达拉斯》（*eDallas*）。

型互联网公司开始崭露头角。"26个月能发生这么大的变化啊！"文中如此写道。[21]

达拉斯市中心以东的迪普埃卢姆区（Deep Ellum）起初是一座"自由人的城镇"，为南北战争后被解放的奴隶而建。这片区域位于铁路站场东边的埃姆街，史称"迪普埃姆"，但当地居民浓重的南方拖腔让这个发音变成了"迪普埃卢姆"。迪普埃卢姆曾是琴酒和T型车的生产基地，有娱乐中心之名，对非裔美国人来说尤其如此。这个区在20世纪二三十年代臭名远扬，成为盲人歌手莱蒙·杰弗逊（Blind Lemon Jefferson）、"闪电"霍普金斯（Sam "Lightnin" Hopkins）和"铅肚皮"莱德贝特（Huddie "Leadbelly" Ledbetter）等得克萨斯州蓝调音乐人的理想驻地，也是雌雄大盗邦妮和克莱德最喜欢的去处。20世纪四五十年代，由于铁路站场和有轨电车线被关停，白人也迁往郊区，该地便逐渐没落。1969年，一条高架高速公路又将埃姆街一分为二，铲除了这个社区的中心街区。（这条高速公路往北约32公里的路段就是电信走廊的中央主干线。）该地自此一蹶不振，直至20世纪80年代中期，在城市规划和区划部门的鼓动下，涌入的艺术家和夜总会才唤醒了这个社区，至少夜里是如此。[22]

开发商很快就开始大量收购迪普埃卢姆的地产，并将其改造成Loft公寓和办公空间，意在吸引那些喜欢此地艺术气息、都市感和低廉房租的年轻人。那些改装后的仓库特别适合想闯荡互联网行业的新兴公司，人们觉得这种带有现代设计风格的大型开放式办公区能促进并隐喻性地象征反等级制的社会企业文化，而这种文化已经成了互联网公司的标志。[23]迪普埃卢姆不仅代表了一种意识形态和地理位置上的选择，能取代大多数达拉斯企业进驻的那种乏味的郊区办公园区，也代表了该地区爵士乐、色情业和城市纷争的悠久历史，这一点对那些叛逆的、反正统资本主义的互联网从业者颇具吸引力。

互联网创业者马克·库班（Mark Cuban）就是迪普埃卢姆的首批高科技居民之一。1995年，库班与生意合伙人租下了一个改装过的仓库，作为其初创公司、网络音视频数据流的先驱——AudioNet的办公地。这片巨大的空间里还容纳了一个完整的篮球场，既反映了库班对这项运动的热爱，也表明了该公司坚持的理念——互联网企业的工作场所必须兼具趣味性和实用性。库班的这家公司后来更名为广播网（Broadcast.com），并于1999年以约60亿美元的价格被卖给了雅虎。雅虎让旗下得克萨斯州的公司都入驻了迪普埃卢姆，搬进了社区中心的那片由红砖砌成的铁路建筑群。广播网的巨大成功，以及库班作为反复无常的本地名人和达拉斯独行侠队老板的高调形象，也只是给迪普埃卢姆增加了一点"区域缓存"，这个社区的名字已经成了达拉斯互联网业的简称。（迪普埃卢姆曾被称为内容走廊、互联网走廊和电商走廊，但没有一个称号能够长久。）数十家互联网公司在社区内宽敞的老式工业建筑中开设了店铺，这些楼房大多都被翻修一新，配置了高科技设备，底部还安装了长达几公里的高功率光缆。[24] 高科技职业协会开始在迪普埃卢姆的时尚酒吧和餐厅里举办聚会和社交活动，一些传统的实业公司也把联谊会和招聘活动的举办地迁到了迪普埃卢姆，他们以新经济的皈依者自居，想在此物色初出茅庐的科技才俊。

然而并非所有达拉斯的科技初创公司都想在时髦的迪普埃卢姆安家。很多公司都把总部设在了电信走廊沿线，有些公司是最近才从大型的老牌科技企业里剥离出来的，所以就把总部安在了这些企业旁边甚至内部。有些公司搬进了没有那么时髦的郊区写字楼，但它们前卫的现代工作区、随意的着装和领导风格跟那些传统经济领域的邻居们形成了极大反差。还有些公司开在了家里。信息集市也从互联网蓬勃发展的东风中分得了一杯羹，入驻率从1995年的64%提升到了1997年的近70%，1999年的入驻率是近90%。一楼的高科技咖啡馆号称是美国首家"网吧"，天花板上安装的是由旧电脑改装的灯具，盐瓶和胡椒瓶的下方装设了电源插头和数据插孔，以方便顾客在大嚼"兆字节薯片"的同时使用电脑和上网。1998年，达拉斯互联网协会将其举办月会的会场改到了信息集市，助力了这座大楼和达拉斯成功跨入互联网时代。

尽管声名在外，迪普埃卢姆和达拉斯其他互联网公司的收入水平和创造的工作岗位却始终未能追上奥斯汀较大的计算机和电信公司，奥斯汀依然是得克萨斯州的互联网中心，这让达拉斯的互联网拥护者们格外懊恼。达拉斯从未把所有或大部分技术（和金融）的鸡蛋放在互联网这个篮子里，事实证明这对达拉斯的经济来说兼有利弊。互联网泡沫在2000年破裂时，达拉斯受到的冲击远没有奥斯汀和硅谷那么严重，后两地的经济当时严重依赖于一大批灵活（且大多尚未盈利）的互联网初创公司。达拉斯的侧重点依旧集中在电信和更为传统的计算机领域，假如没有此后的电信业震荡余波和全国性经济衰退的接连打击，达拉斯或许就能有效地避免互联网崩盘对其财政和劳动力市场造成的影响。

如今人们都说互联网泡沫以惊人的速度兴起是由许多因素促

成的，其实它的衰落也是如此。2000年4月14日，道琼斯工业平均指数和纳斯达克指数都迎来了有史以来的最大跌幅，这一天也由此获得了"黑色星期五"的称号，但此前网络股实际上已经振荡了好几个月。美联储主席艾伦·格林斯潘暗示即将加息之后，各股在1月便开始走低，并在2月正式加息25个基点后再次下跌。尽管如此，大家还是普遍觉得目前的市场波动虽令人忧心，但新经济仍将占据上风。不过在幕后，风险资本注入新创公司和现有企业的速度已经放缓了，许多公司的资金即将耗尽，其中甚至包括那些最近才在超级碗①期间发布过妙趣横生的广告并吸引了全国观众的公司。投资者对不断涌现的新股已经心生厌烦和警惕，有一点也日趋明显，那就是有不少网络股被严重高估了，尽管不是大多数。然而即使经历了"黑色星期五"，很多经济学家的乐观情绪也丝毫未减，因为他们认定这场衰退只是一次短暂的下挫，而非泡沫破裂。

与这种乐观情绪背道而驰的是，在21世纪的头几年里就有数百家互联网公司因股价暴跌、风险投资速度放缓或资金枯竭而开始关张或宣布破产。最初的受损方似乎主要局限于互联网公司，但其影响很快便波及了相关的高科技领域。多年来对信息科技的过度投资，以及围绕2000年"千年虫"问题的末日预言都已削弱了对电脑软硬件方面的需求。随着互联网崩盘的余波袭来，这些

---

① 超级碗，美国国家橄榄球联盟年度冠军赛，是美国多年来收视率最高的节目，其广告位也是美国售价最高的。

行业很快便溃不成军，而美国的科技工作者们也备受牵连。

在周边的科技产业遭受重创的情况下，电信业反而保持着蓬勃发展的势头。2000年，电信企业获得的投资至少是互联网公司的20倍。投资者对所谓的新经济公司的波动性及其未经证实的本质深感不安，从而认定投资电信业才是一种从高科技增长中获利的更为安稳的途径。网络股的暴跌实际上推动了电信领域新投资的激增，因为很多投资者乐于用缩水的互联网股票换取一块电信业的蛋糕。[25]

2000年初，迪普埃卢姆有10多家互联网公司倒闭，而当时达拉斯的电信公司还会给每个新招入的工程和电脑科学专家发放5000美元的奖金。[26]可情况在两年内却发生了大逆转：2万多亿美元的电信业市值以及50多万个电信业岗位竟都蒸发了。

互联网业的崩盘及其对美国经济造成的连锁反应显然削弱了电信业的稳定性，但最终使其倒下的还是这个行业本身。[27]在20世纪90年代，人们常说互联网的流量每百日就会翻上一番，以每年十倍以上的速度增长。尽管这种增速在1997年后已经放缓——当时流量一年仅能翻上一番，但十倍速的增长模式仍在驱动着电信基础设施的发展，为了满足这种本属天文数字的需求，光缆的铺设速度甚至达到了创纪录的水平。电信公司"挖开了全国的道路，又潜入海底，铺设了数百万英里的光纤，然而这些光纤大多都将黯淡无光"，用已铺设的这么多光纤来满足那些尚不存在的需求，但工程师仍在大幅增加每根光纤的信号传输量。[28]

到20世纪90年代末,光纤的传输能力已达到20年前的80倍。这种急剧扩展的功率意味着现有的基础设施完全能够应对任何潜在的需求,而用于铺设和维护所有过剩容量的资金(900多亿美元,大部分还是借的)和劳动力都白白浪费了。[29] 电信业的处境已经岌岌可危,加上世界通信(WorldCom)和环球电讯(Global Crossing)等美国领先的电信公司随后又爆发了会计丑闻,这一切瓦解了公众对该行业的信心,重创了其股票市值,还在2000年下半年引发了全行业的衰退。

到2001年9月11日,美国经济已处于衰退之中,而这场衰退早在6个月前就正式拉开了帷幕。在经历了十年空前的、按理说是不可持续的增长(特别是高科技行业)和一年多的熊市之后,就业率终于在2001年3月登顶,然后随之下降。尽管9月11日的恐怖袭击非常惨烈,但也只是"让2000年三四月纳斯达克崩盘以来一直在冲击经济的通缩循环又经历了一个急转弯",浇灭了那些相信经济即将复苏的美国人,尤其是美国失业者心存的所有希望。[30]

随着美国经济因陷入瘫痪的高科技产业而崩溃,大批的人被辞退。互联网公司拙劣的裁员手法颇受诟病,其中很多公司甚至从未设立过人力资源部;有些公司干脆连裁员通告也不发布,蒙在鼓里的员工们没收到任何提示,没拿到任何遣散费,也不知道发生了什么。[31] 电信业的裁员通常更加专业,但该行业的失业人数太过庞大,有时一轮就会裁掉一万多人,因此也引发了全国性的关注和批评。在2001年9月11日之前，媒体对科技业衰退的报道主要集中于互联网公司，尤其是那些商业模式和财务状况上有严重缺陷却用纸面财富掩盖了缺陷的公司。在经济走低的头几个月里，公众对互联网公司的裁员及其受害者的反应往往是鄙视，而非同情。

一方面，投资者因为自己的投资组合缩了水而感到窝火，而那些被当成新经济先锋兜售给他们的公司在旧规则面前竟如此不堪一击，这也让他们无比失望；另一方面，美国还陷入了一片全国性的幸灾乐祸之中，因为"发现下一个要蹬腿咽气的互联网公司已经变成了一项流行的观赏性赛事"[32]。《财富》（Fortune）杂志开设了一个《互联网死亡观察》专栏，在卡通化的墓碑上列出了已申请破产或倒闭的互联网公司的名字。完蛋公司网（FuckedCompany.com）和互联网输家网（dotcomfailures.com）等网站不但提供了类似的记录，还会给准确预测了下一家破产公司的用户加分。由于被蒙蔽的投资者充当了受害者的角色，互联网失业者的形象看来就只能是欺骗国家并破坏昔日稳定经济的恶棍了，至少也是帮凶。

美国在2001年9月11日遭受恐怖袭击之后，国内的氛围又有了变化，这使导致科技行业衰落的罪魁祸首随即从傲慢的互联网从业者变成了中东的恐怖分子。此外，人们虽对互联网裁员的受害者颇有成见，觉得他们就是些刚毕业的大学生，只不过拥有过度的优越感和人为夸大的净资产，但随着裁员之势不断向科技行业的其他领域乃至行业外蔓延，媒体报道就明显少了几分嘲讽，而多了些许阴郁。（例如，《财富》杂志上那块卡通化的互联网墓碑后来被替换成了一份简单的失业总数记录。）

不过事实证明，即便在这次经济衰退之初，互联网从业者占失业总人数的比例也是微不足道的。从2000年1月到2001年4月，互联网经济中有近9万人失去了工作。然而，与同期整体经济流失的220多万个工作岗位相比，这一数字就相形见绌了。纵使在高科技行业，互联网相关职位也只占流失岗位数量的一小部分。在2001年，电信业流失的高科技工作岗位数量已经位居第一，这很不幸，却也不可否认。此后一直到2010年，该行业的工作岗位数量每年都在稳步缩减。[33]

在电信业危机爆发之前，得克萨斯州的科技工作岗位流失量就已居全国前列。[34] 若是再加上电信业的裁员，其后果将更具有破坏性，达拉斯尤其如此：该市在2001年的前6个月就流失了1万个高科技工作岗位，其中7000个在电信业。到2002年底，达拉斯地区流失的工作岗位数量达到了2.55万个；到2003年，达拉斯郡流失的工作岗位数已经超过了除硅谷中心圣克拉拉郡以外的所有美国郡。从2001年的经济衰退开始，一直到2004年年中，美国足足有19%的科技工作岗位蒸发了。达拉斯受到的打击更大，当地流失了近30%的科技工作岗位，比全国平均水平整整高出三分之一。[35]

达拉斯的失业者中有很多都是人到中年的中产白领技术工作者，他们虽已从业多年，却发现自己仍要在一个极其紧张的劳动力市场中寻找工作。（在这次经济衰退中，尽管蓝领仍是失业主体，但白领在失业总人数中的占比已有大幅提升。）[36]数千名求职者开始定期参加达拉斯的招聘会和交际活动，即便出席的企业和赞助商的数量已大不如前。尽管每个财季都有人乐观地认为经济复苏指日可待，可当经济最终开始显现增长势头时，失业率却未能如预期那样降低。这场经济衰退于2001年11月正式结束，当时距美国遭受恐怖袭击仅过去一个多月，距此项研究中的大多数工作者失业的时间已有很久，但大规模裁员和高失业率现象在2002年和2003年间始终有增无减。在这个后来被称为"无就业复苏"（科技界求职者对这种苦涩矛盾的戏称）的时期，尽管解雇人数增多，但由于很多公司在早期投资过一些节省人力的信息技术，同时增加了留任员工的工作量，所以生产率仍有大幅提高。从衰退结束到经济正式复苏的近两年时间里，美国的就业人数实际上减少了100多万。政府本想通过减税政策来缓解失业压力，期望在2004年底增加550万个就业岗位，但最终仍有300多万个的缺口。[37]在这个自"大萧条"以来最严峻的招聘低迷期，美国的工作者们开始心生疑虑，觉得很多工作岗位多半是一去不复返了，至少原本的行业里不会再有，更不可能很快就有。

达拉斯人就算不读报也知道科技行业依旧萎靡不振，他们只需看看周围就一目了然了。迪普埃卢姆区从未如愿腾飞。夜幕降临之时，当地泡夜店的年轻人比以往任何时候都多，但一到白天，街上便会堆满前一晚各种活动后残留的垃圾，同时犯罪率也

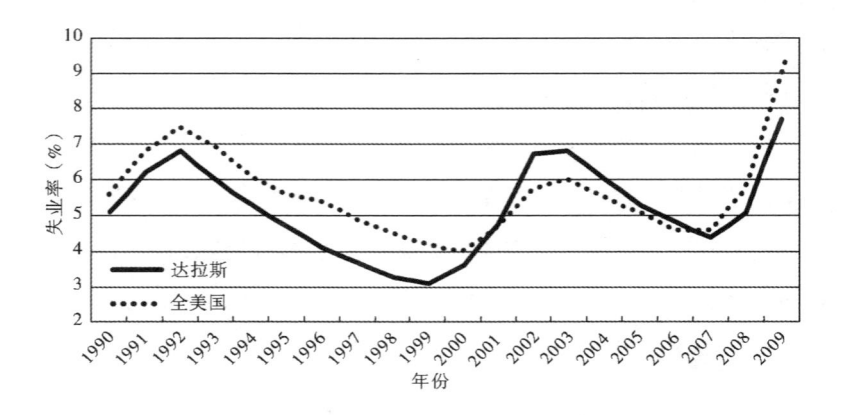

图4 达拉斯地区失业率与美国平均失业率对比图（未经季节性调整）。达拉斯以及科技产业较密集的邻市普莱诺和欧文的失业率一直略低于全国平均水平，直到2001年年中，该地区的失业率才开始超越全国平均水平，主要原因是科技相关行业的岗位流失。在较近的这次经济衰退中，达拉斯的失业率虽高于前两次衰退期，但仍略低于全国平均水平。数据源自美国劳工部、劳工统计局。

在上升。[38] 区内不断增加的空置店面虽并不一定能反映出这场特定的科技界危机，但它们确实是一种恰如其分的隐喻，暗示了这座城市对互联网行业繁荣这一诱惑已不再抱有幻想。当地一场高科技领域的颁奖礼也因为怕惹恼达拉斯数以千计的失业科技工作者而被迫取消，这场典礼要表彰的恰好是裁掉了他们的那些公司，此外达拉斯互联网协会在2003年初停办了各项会议。

在电信走廊沿线，写字楼空置率在2000—2001年间翻了一番以上，2001年，达拉斯都市圈①的空置办公空间为27万平方米左右。由于电信业持续低迷，这种状况还在不断加剧，到2003年，仅普莱诺市就有约42万平方米的空置办公空间，整个地区的写字楼空置率接近30%。[39] 尽管信息集市在市场崩盘时也是大量电信公司总部的所在地，可怪异的是，其入驻率虽不能说未受影响，但在整个经济衰退期间还是保持着相对较高的水平。随着电信业在20世纪90年代末的崛起，信息集市租出去的"人员空间"（办公区）减少了，却给电信公司的大型交换机和计算机服务器提供了更多的存放空间。尽管有些租户因为资金短缺或破产而被迫腾出了他们在信息集市的办公室和存储室，但大多数公司即使失去了数千名员工，也仍需要一些空间来存放开展业务所需的大型设备。

　　信息集市之所以具有这种韧性，就在于它及时摆脱了与达拉斯劳动力前景的关联。[40] 服务器和交换机始终是商业必需品，但个体工作者不是。所以只有这些个体工作者的故事，才能真正反映出达拉斯及其高科技产业岗位流失和失业的规模与范围。

---

　　① 都市圈是指以大都市的中央城区为核心，结合市郊、远郊、卫星城以及边缘村镇而构成的一种同属一个行政区划的复合城市集合区域。

第二章

一人公司

32 　　恩里克·比瓦尔知道他在公司下一轮裁员中被辞退的概率很高。用他自己的话说，他最近一直在做的项目对其团队的盈亏来说"并不是特别关键"。不过作为中级工程师兼项目经理，恩里克说他仍在努力干活、加班，甚至承担上司布置的额外工作。除了晚上和周末要去上高级管理人员工商管理硕士（EMBA）的课程外，他平均每周要在办公室里待50个小时。他觉得像这样的工作强度是无可指摘的，但也知道上司并不这么看。

　　　　［上司］说："你得加班，你得多干几个小时。"我说："嘿，我一周已经工作45～50个小时了。我甚至都不打算出去吃午饭，因为我们还得参加太平洋时区的电话会议……有时我会在下午5点30分或6点下班，早上8点就会来上班，一周工作50个小时。我正在读EMBA，还有家庭……当时我的小孩一个才三岁，另一个还是小婴儿，我妻子没有

33 　　　工作。没有家人来帮我们，我得把工作、EMBA课程和家庭都顾好。我得尽力搞定所有事。所以，我觉得自己做得不错，干好了分内的活儿。"

　　2001年10月，在公司宣布即将裁员的第二天，恩里克被叫进

了上司的办公室,他很失望,但并不感到特别意外。

恩里克是个35岁左右的男人,开朗健谈,一头深色卷发,棕色的双眼带着笑意。他精通三门语言,会在我们的谈话中穿插各种生动精辟的比喻,不时把自己比作狗熊、园丁、妓女和法拉利。恩里克是土生土长的墨西哥人,但在美国生活的时间已经将近18年,他觉得自己是个"十足的双文化背景人士",但在介绍自己的性格和为人时,他常会提到自己的拉丁血统。"拉丁人非常温暖,"他说,"我们要用两万个拥抱和亲吻来问好,也要用两万个拥抱和亲吻来道别……我们每分每秒都在开玩笑。"这种刻板印象在他身上是成立的。恩里克迷人而风趣,我们的访谈中无处不弥漫着他的热情与真诚,当话题转向他的家人,也就是他的妻子安娜以及他们的孩子(三岁的玛雅和八个月大的大卫)时就更是如此。

18岁时,恩里克从墨西哥来到美国,在加州大学洛杉矶分校(UCLA)学习工程学。毕业后,他回到墨西哥,在一家工程公司找了份工作,很快就升为项目经理。他在那儿度过了充满压力和激情的五年,然后跳槽到一家美国的工程建筑公司,负责一项在墨西哥铺设约5150公里光缆的工作。1999年,恩里克被辞退了,当时该公司解散了国际部门,但首席执行官随即又雇佣他创立一家合资咨询公司,这大大缓解了因裁员带来的刺痛。等到这家新公司也难以为继之时,恩里克和他生于美国的妻子以及他们的第一个孩子正住在达拉斯,那时他接触了一些职业招聘人员

（猎头）。在错失了几次机会之后（他曾找到一份工作，但那家公司突然叫停了招聘计划，他还没开始工作就被拒之门外了），曾与他合作过的一名猎头打来电话，说有家初创的电信公司给他提供了一份工作，而且无须面试，他若接受，下周就可以去上班。尽管恩里克对这家公司不太正规的招聘方式有些担心，但他对那位老板的名声已有耳闻，他说这个人"就像是电信界的比尔·盖茨"，于是在没有其他选择的情况下，他接受了这份工作。然而开局并不顺利。

> 我是周一进的公司，到了周三，我的直属上司就被[辞退并被]赶走了……没有什么流程，没人告诉你该干什么。耗了五周，我才收到了一份语音邮件。我算是非常走运的了，一去就有电脑可用。当时有很多人过了三周才用上电脑。我让公司给我配一台笔记本电脑，方便我带着去开会、做做会议记录之类的……但他们花了三个月才给我搞定。

虽然恩里克最初应聘的是约聘制软件工程师，但他一年后便转为全职，并且很快就晋升为项目经理。

然而随着电信业开始进入下行期，该公司的业务也迅即萎缩，股价随之暴跌。在10月的某个周一早晨，员工们通过电话会议得知公司即将裁员，将被辞退的员工会在一周内收到上司的通知。第二天一早，恩里克接到了电话。

第二天，我像往常一样8点就到了公司，经理打电话叫我过去，他说："我要见你。"我说："我不想见你。"［笑］他知道我心知肚明，所以我一走进他的办公室，他就说："很抱歉告诉你，但……"让我觉得奇怪的是，我和经理的关系真的很好。我是说，我们经常一起去吃午饭……他把我叫进了他的办公室，把裁员文件交给我，然后说："你知道，这并不是针对某个人。"

像大多数被裁员的同事一样，恩里克与传达这个消息的经理并无私怨（两人多年后还保持着联系），与公司高管也是一样。在他看来，他们都是自己无法掌控的经济力量的受害者。然而，直接解雇他的就是这个常和他一起吃午饭、被他视为朋友的人，这还是让他感到愕然，虽然他相信辞退他的决定超出了这位直属上司的职权范围。此外，尽管对方表示辞退他的决定"并不是针对某个人"，意在鼓励和安抚恩里克，但最让他感到困扰的也恰好是这种没有人情味的裁员。

我跟一些同事和朋友道了别，然后不到一个小时就被赶出去了。我8点整到那儿，他8点10分叫我进去，到9点10分我就走人了。没有［员工］证，啥都没有。当然，他们有警察来［确保］安全。我知道这个路数。我听说过，以前也见识过，因为我们公司之前已经裁员过两次了。我领教过

> 了。我知道这个事儿就是这么干的,但我还是觉得自己像个家具。

恩里克了解裁员的安保规程,他以前目睹过,也认同其合理性,但这个过程还是刺痛了他,让他和一把被丢弃的办公椅之间的那种令人不快的相似之处凸显了出来。尽管如此,他还是认为雇主的良善体现在他们处理裁员问题的方式上,而不在于他们是否裁员,而且到最后他也认为自己的老板干得不错。

被赶出大楼后,恩里克连自己都不确定接下来该何去何从。

> 我不敢回家。那段时间对我来说太难熬了。但同时我知道这个情况不是我做了什么[造成的]……同时我又觉得我像是做错了什么……是读EMBA吗?是[和老板]说过我想接手更多项目吗?是我没有一周工作70个小时吗?到底是因为什么,你知道吗?

恩里克谈到自己的工作表现和行为在解雇他的决定中所起到的作用时显得有些语无伦次,这揭示出了他的一种深层的矛盾心理,即不确定员工个人在多大程度上能决定自己的职业命运,这一点我会在本章后半段继续探讨。虽然心存恐惧,还有经济上的顾虑,但让恩里克感到欣慰的是他以前有过这种经历,而且挺过来了,所以他相信这次肯定也能渡过难关。

跟2000—2003年间失业的很多科技人才一样，恩里克对裁员流程并不陌生。当时他只有32岁，之前已经被裁过一次，也见过几十个朋友和同事在类似的公司减员、倒闭和重组过程中遭到解雇。大学刚毕业的时候，恩里克还指望能"选定公司"，这个短语译自他的母语西班牙语，意思是终身就职于一家公司。经历过第一次裁员之后，他对忠诚的看法——无论是他自己的忠诚还是雇主的忠诚——变得复杂了许多。

> 大家都没什么忠诚可言了。我会对一家公司非常忠诚。如果公司对我不错，我就会对他们很忠诚。我真觉得这是种互惠互利的关系。你想让我做点什么，就得付钱。情况在起变化——我必须做这些事，你也必须付给我钱。但如果别人也想让我做同样的事，而他们给的薪水更高，那我就会走人……我变了，不是原来那个我了。我对谁都不忠诚，只要价钱合适，我可以把灵魂卖给除魔鬼之外的任何人。

短短几句话，恩里克对自己的描述就从忠诚的员工变成了对待遇不错的公司忠诚，最后变成了一个可以将自己出卖给最高出价者的人。[1] 忠诚是他非常看重的品质，但他并不认为这属于一种被修正的（有人会说是被消解了的）劳资间的社会契约。当代的很多白领怀有恩里克这种对忠诚的矛盾心态，理查德·桑内特将其归因于现代就业形式的本质——它会腐蚀人的品性。[2] 不过恩里克并没有完全放弃忠诚，因为忠诚对他工作之外的人际关系非常重要。他常说自己非常幸运，能有几个忠诚的老友，他们在他失业求职的过程中给了他不少支持。

> 我有一些朋友……他们实际上是大卫的教父母，他们做的好些事让我非常感动。我在［那家初创电信企业］找到工作的时候，他［大卫的教父］失业了。我一直在跟他说："加油［用一种鼓励的语气］。"我每周都要跟他谈两三次，跟他说："你要坚持下去。"好了，风水轮流转，我也被炒了。我收到了一个意料之外的爱心包裹，［包装］上面都是喜气洋洋的笑脸，一打开，里面有些糖果之类的东西。我打开贺卡，里头有两张20美元。［贺卡］上面写着："和家人一起出去吃顿饭，算我们请的，糖果是为了让你们的生活更甜蜜。"我是那种几乎不会哭的人，我流泪是因为有人真心在挂念和关心我。但其实我并没有想到这种事会发生。所以这种事一旦发生了，我就会真切感到生活里还是有属于我的一席之地的。

37 恩里克在自己长期的私人关系中很重视忠诚的因素，这与他宣称的那种唯利是图的就业态度形成了鲜明对比。不管怎样，恩里克对自己的工作质量确实极为自豪，和一些同事和客户也建立了深厚的情谊，而且在他离职很久以后仍然维持着这些关系。尽管恩里克自认为为雇主干得很卖力,但这在他眼里只是一种权宜之计,而不是一种承诺。公司关心的是自身的最大利益,他也一样。如他所说:"我不会跟任何一家公司结婚。要是有人跟我说'到这儿来,我们给你双倍薪水,或者[给你]加薪50%',那我就去他那儿,你知道,狗熊跳舞就是为了钱。记住这一点。"[3]恩里克把自己比作一只跳舞的狗熊,由此也点明了将劳资关系构想成一种以爱或忠诚为支柱的关系有多么荒谬。狗熊可能会爱驯兽师,驯兽师可能也会回之以关爱,但当音乐响起,狗熊就得跳舞,不然它的下顿饭就没着落了。恩里克和他的同道们奉劝所有的美国工作者,要牢记每一份雇佣合同的基础都是以劳动换取金钱。

情况也并非一直如此。在20世纪的大多数时间里,忠诚对美国人而言都是雇佣合同中非常重要的一部分,忠诚的员工会得到认可和奖励,工作者也都会寻找并留在那些承诺提供安稳的、家庭般的工作场所的公司。至少在理论上,那是个狗熊为金钱和爱而跳舞的时期。不过就像恩里克指出的,时代变了,而且改变时代的不是像他这样的雇员。

裁员一词曾经是指一个人暂时中断工作。在经济不景气的时期,员工会被辞退,但他们也明白,一旦经济好转,他们便又能找到工作。然而在20世纪七八十年代,裁员在美国变得愈发频繁而持久,也更有可能出现在效益很好却遵循新的"精简式"管理理念的公司。个中因素是多方面的,包括自动化、去工业化[1]、经济周期以及成本削减（达成这个目标的办法通常就是将工作岗位转移到海外），这类裁员最初影响的主要是蓝领工作者。在这几十年里，大多数被裁员的蓝领工作者既惊且怒，很多人认为自己被埋头效力了多年的公司背叛了，他们原本是相信甚至热爱这些公司的。凯瑟琳·达德利的《流水线的终结》（*The End of the Line*）、迪米特拉·杜卡斯（Dimitra Doukas）的《过劳》（*Worked Over*）、琼·纳什（June Nash）的《从小镇到高科技》（*From Tank Town to High Tech*）以及迈克尔·摩尔（Michael Moore）的纪录片《罗杰和我》（*Roger and Me*）都生动地呈现了大规模裁员和关厂给个人及群体造成的创伤。[4]然而就在裁员成为蓝领职业生活中可预见的（即便不是可以欣然接受的）一个组成部分时，企业又发现了一群毫无戒心的新工作者，这些人的观念也需要它们来颠覆。

自20世纪80年代以来，白领在美国失业总人数中的占比一直在稳步上升。[5]美国全国经济研究所[2]确认的最近四次经济衰退期分别为1981—1982年、1990—1991年、2001年、2007—2009年，[6]白领工作者每一次受到影响的比例都比前一次更高。[7]即使是介于这些动荡期之间的繁荣年代，白领工作也越来越不稳定，因为人们越来越重视"灵活的"——既容易招聘也容易解雇的劳动力

---

[1] 去工业化是指制造业劳动力占劳动者的比例持续下降的过程。

[2] 美国全国经济研究所（NBER）是美国最大的私立非营利性经济学研究组织。

（这一趋势受到了高科技公司的热烈欢迎）、海外廉价白领劳动力的利用价值，以及季报的财务压力。[8]

尽管在过去的几十年里，白领工作者已经目睹过大范围裁员给蓝领工作者造成的痛苦，但当裁员浪潮向白领席卷而来之时，他们大多毫无防备。对那些因大规模裁员或关厂而失业的制造业工人，白领往往缺乏同情心。不少人会用社会达尔文主义①的逻辑来责备刚失业的蓝领邻居们没能适应这种不断变化的经济形势。比如，他们说汽车工人就是没有为应对后工业化②的未来而进行自我提升的人，所以被淘汰是咎由自取。这些工人只是"跌到了他们在资本主义世界经济中的'自然'水平"，而白领专业人士则是在其中提升到了自己的自然水平。[9]

有趣的是，在20世纪80年代，被裁员打了个措手不及的白领也一样冷酷地将他们阶层下滑的原因归咎于自身。[10] 由于深陷管理界精英个人主义的意识形态（将职业失败等同于个人缺陷），被淘汰的经理人往往会把裁员看成是自身存在不足的证明。然而即便心存自责，20世纪80年代的失业白领还是加入了蓝领同仁的行列，对那些在他们看来背弃了自己的雇主大加声讨。他们工作卖力、忠心耿耿，用恩里克的话说，他们"选定了一家公司"，却发现自己不但没有升职，还收到了解雇通知。

---

① 社会达尔文主义，即用优胜劣汰的自然观来解释人类社会现象的一种主张。

② 后工业化是指服务业的产值和就业超过工业和农业的一种发展趋势。

在21世纪的头几年里，被裁员的高科技工作者的感觉和言行与20年前被解雇的白领有很多相似之处。他们既惊讶又愤怒，既失意又害怕。有人怪自己；有人怪经济；也有人责备雇主，说他们管理不善或解雇了不该解雇的人，虽然这类人比预期的要少。不过在和我谈过的科技工作者中，几乎没人责怪雇主不忠诚或未能提供一份终身雇佣的工作，这标志着20世纪80年代以来的管理文化已经发生了一个重大转变，当时人们还认为不被裁员是有功之人应得的回报，而如今的科技工作者已经不会对任何一家公司抱有这种指望了。

2002年，我采访了47岁的菲尔·赖特，他当时已在高科技行业干了25年，其职业生涯横跨六州，涉及十几个分支领域（其中很多领域在他1977年刚参加工作时还不存在），他进过大型公司，也曾在小型公司和微型公司任职。虽然菲尔的就业史几乎不符合那种在一家公司稳步晋升的传统职业叙事，但如今我们跟美国工作者交谈时一再听闻的就是这样的故事。现在的美国普通工作者在职业生涯中平均至少要换10次工作，而硅谷高科技中心的工作者换工作的平均次数还要翻一倍。在年轻一代的职业生涯中，这个数字很可能被推得更高，2000年，人们在32岁时平均已经为9家不同的公司工作过。[11]尽管如此多变的职业生涯并非出自菲尔的计划，但事实证明这很适合他。

一旦我搞懂了一个领域……到了随便动动手就能搞定的

程度，我就没多大兴趣了。我总说我的私生活很稳定。我和妻子已经结婚27年了。但在职业生活上，你懂吧，我会有点不稳定。在职业方面，我是个很有冒险精神的人。

2001年6月，菲尔因供职的电商公司倒闭而失业，他笑着说："为了不用去找工作，我做了好多事。"他此后就成了一名独立咨询顾问，为创业公司提供服务，帮创业者起步。他的收入依赖于那些获得了资金的公司，而在我们谈话之时，他还没赚到一分钱。这对夫妇在靠他们的积蓄生活，菲尔的妻子之前一度终止了她的销售工作，此时正考虑重返职场，好帮着付些账单。尽管有不少忧虑，菲尔还是乐在其中，他坚信只要自己全身心投入工作，最终就会有回报。

菲尔乐于从事创业咨询顾问这种风险很高且不稳定的职业，这在一定程度上可以说是个性使然，也是他对当代就业模式的更深刻理解所产生的必然结果，他认为当代的所有工作都是有风险的，所有职业也显然都是临时性的。

[20世纪]80年代，公司发觉它们对员工不再有忠诚可言了。90年代，员工意识到他们对公司不再有忠诚可言了。现在，我觉得任何工作都是基于需求和技能的。你知道，大体上就是基于短期合同。如果一家公司需要我的技能，我又可以提供给他们，他们就会聘我。等到这种需求没了，他

们不再需要我了,那我当然就会被炒了。我跟咱俩的几个好朋友刚刚还在周末讨论,或者说是争论过,他们还在用那种老模式来想问题,但那一套已经不存在了。他们说:"噢,让人在一家公司干上20年,然后又把他们裁了,这太可怕了。"这确实[很可怕]。可你想怎么样呢?我不知道有哪家公司会把给人提供就业机会写进他们的章程或者当成公司的目标。你懂吧,没那回事儿。他们做生意是为了提供服务或者产品,不是为了雇人。

如果风险和无常是就业"新模式"的内在组成部分,就像菲尔认为的那样,那么他个人创业的风险确实不会比在一家公司度过职业生涯更大。[12] 甚至有些远不如菲尔那么热衷于冒险的人也赞成他的观点——忠诚已经成了一个旧时代的标志。[13] 有些工作者更喜欢这种务实的交易关系,而不是昔日那种家长式的工作关系;另一些工作者则会深情地回忆(或想象)一个拥有就业保障和全面公司福利制度的时代。然而无论是怀疑还是怀念那段往昔岁月,几乎所有人都认同,劳资相互忠诚的时代结束了。那个时代早已远去,而且很可能一去不回。[14]

对有些人来说,个人经历,而且往往是痛苦的经历,让他们转变了对裁员和不稳定就业的态度。迈克·巴纳德是个心直口快的得克萨斯州本地白人,2001年9月下旬,在临近50岁生日时,他丢掉了工作,当时他供职的大型媒体公司停止了在新兴电信科技领域的扩张,解散了迈克所在的部门。迈克原本并不打算进入高科技行业。还在得克萨斯大学奥斯汀分校读书时,他便立志成为一名医生,可在发觉"自己不适合背诵电话簿一样厚的大部头书籍"之后,他转到了广播影视专业,毕业后进入了电视行业,主要工作内容是制作企业培训和营销视频。在20世纪80年代末,他读到了一本名为《媒介实验室》(*The Media Lab*)的书,讲的是计算机技术与文本、动态媒介的融合,他当即认定这就是自己所在领域的未来趋势:"我就琢磨着,不管这种融合会导致什么结果,我的事业都会朝着这个方向发展了。"[15] 从那以后,他从事过不少职业,有些是公司里的全职工作,有些是兼职,他还跟朋友开过一家公司,在此期间,迈克探索了媒体产业和新兴科技之间的互动关系——一开始是激光影碟,接着是光盘存储器,然后是在线流媒体。正是靠着这份对媒体科技未来走向的好奇心,他获得了上一份工作,负责帮助一家相对传统的传媒公司过渡到互联网时代,直至这个新项目资金告罄。

这不是迈克第一次失业,据他估计也不会是最后一次。眼见自己草创的部门在"9·11"事件后的经济恐慌中化为乌有,迈克颇受打击,但最近这次裁员已经让他比之前经历的更容易接受了。

第一次被裁员的时候,我会想:"噢,天呐。我做错了什么？我肯定是做错了什么。"然后出于各种原因，又被裁了几次之后，我的想法就变了："我知道，问题不在我，而且这只是路上的一个坎，别的坎也会冷不丁冒出来的。"果不其然，情况总是这样。

迈克笑称，只要多练习几次，对于丢工作这种事就会越来越容易接受了，今天的打工人在这方面得到的训练可比他们想要的还多。在本书的访谈对象中，近60%的求职者都经历过一次以上的裁员。[16]尽管高科技行业向来被视为一个独特的、不稳定的行业，但这个数字和一般美国人也相差无几。一半以上的美国家庭至少经历过一次裁员，仅此前三年里就有近五分之一的美国工作者经历了裁员。[17]

求职者对裁员的态度也取决于他们对自己失业求职时经济形势的看法。在达拉斯–沃思堡地区，近80%的失业科技工作者认为美国的经济状况是他们失业的主因。[18]求职者往往会将前雇主视为其无法掌控的经济力量的受害者，而非自己的敌人或背叛者。阿米特·梅赫塔是一位身材纤瘦、语调温和的印度北方人，2002年接受采访时，他30岁，已在美国生活了近十年。2001年9月11日恐怖袭击发生几个月后，阿米特失去了在达拉斯一家航空软件公司的收益分析师的工作。这是阿米特毕业后找的第一份工作，也是他第一次被裁，不过他对自己的离职倒有些面不改色。

9月11日之后……为了［在整个航空业利润下滑的情况下］维持股价，唯一看起来合适的办法就是削减成本了，而在那个节骨眼上唯一能削减成本的办法就是……让员工走人。所以那之后我们的员工人数减少了10%，我的工作也没了。

在阿米特对这一事件的描述中，他被解雇成了公司在利润不断下滑时做出的一项明智的管理决策，而不是一场有关失败或背叛的悲剧故事。在提到辞退他的那家公司时，他仍然用了"我们"这个词，这是个不易察觉的信号，可以表明他多么深刻地将公司的立场内化于心。阿米特将裁员刻画成了公司为应对利润下滑所必然要采取的适当措施，使得自己和前雇主都不必再对裁员造成的任何痛苦负责。双方都要受制于更庞大的力量，就此次裁员而言，这力量就是"9·11"事件引发的毁灭性后果。2001年9月11日的恐怖袭击与求职者对经济衰退和自身失业的印象如此生动而密切地联结到了一起，就连那些在9月11日之前失业的人有时也会把这次恐怖袭击当成他们被裁的原因之一。

21世纪的头几年爆发了一系列惊涛骇浪般的危机——互联网崩盘、安然丑闻、电信业的溃败，以及随之而来的全国性经济衰退，而求职者也常会将"9·11"事件视为其中的一个要素。不过在解读他们的失业和难以再就业的处境时，求职者最常提到的因素还是经济——他们会用"不景气""疲软""低迷"和"跳水"来形容经济。安德鲁·罗斯（Andrew Ross）[①]对纽约互联网公司的员工做过一次调研，他发现"市场被当成了一种不容挑战的权威，以某种方式杜绝了公司取得成功的可能，而且基本只能听之任之"[19]。恩里克·比瓦尔曾解释说："我只是觉得经济还不够强劲，没法给我一份工作。"当我问他是什么让经济变成了这个样子时，他列出了一长串因素。

> 原因很多，卡丽。我觉得在［竞争激烈的2000年］总统大选期间，领导力缺乏的问题出现了，大家对体制欠缺信任。嘿，体制失灵了，我们选不出总统了。[②]还有电信时代［的终结］，人们对我们现有的会计规范和经营方式都缺乏信心。你也知道安然的案子……世通公司破产。"9·11"后我们也拿不准要不要开战。所有事都挤到一块儿了，想想过去的一年半有多惨。就是这些破事儿让我们走到了今天：互联网的衰败，电信业的衰败，安然的衰败，世通、奎斯特（Qwest）和所有这些公司的坏账，"9·11"，跟伊拉克和基地组织的恐怖分子开战，在华盛顿特区开枪杀人的

[①] 安德鲁·罗斯，纽约大学社会学教授、社会活动家。
[②] 在2000年底美国总统大选中，候选人小布什和戈尔因票数差距太小而产生争议，几经周折才由美国联邦最高法院做出了有利于小布什的裁决。

疯子。①

在一定程度上，这些公开的、客观存在的危机可以让求职者把他们的现状归咎于自己和雇主之外的因素。这并不是说求职者从未产生自我怀疑（第三章会讨论这个问题），问题在于他们相信自己是在一个出现了重大社会危机和经济危机的时期寻找工作，而这一信念决定了求职者会如何体会和理解个人的失业问题。当公司关停整个部门，在一天内裁掉七成员工之时，很难说被裁的员工是因为个人的不足而被选中的。随着数以万计的高素质求职者涌入本已疲软的劳动力市场，即使是科技行业中最坚定的个人主义者也开始相信，某些力量和事情是无法掌控的，优秀的人也难逃裁员厄运。

对有些工作者来说，这种失业的常态化是在职业生涯中逐渐形成的。另一些求职者则从没指望自己的职业生涯可以不必频繁更换工作，对参加工作还不到十年的求职者来说尤其如此。对二三十岁的美国人来说，"组织人"的就业模式从来都不是现实，不但他们没经历过，就连他们的父母辈也鲜有耳闻。到20世纪末，大多数进入职场的年轻人已对裁员的盛行习以为常，对终身雇佣也不抱任何期望。[20]达拉斯的一名职业顾问解释道：

---

① 2002年10月，美国华盛顿特区、马里兰州和弗吉尼亚州发生了一系列枪杀平民事件，震惊全美，由此引发了美国历史上最大规模的追捕行动，两名凶手最终落网并被判处死刑。

> 新一代的想法不同了，他们不觉得学校和企业还会照顾你。这一点在下一代当中肯定已经根深蒂固了，公司可不会照顾你。

没有哪位受访者像28岁的软件工程师丹尼尔·克莱因那样明确而强烈地赞成这一观点。丹尼尔是由南加州的两位连续创业者抚养长大的，他费了好些时日才选定专业，读完大学后，又想办法进入了高科技行业。在互联网热潮的鼎盛期，丹尼尔曾就职于彼时当红的互联网咨询公司之一。即便工作有时颇费心力，但他很喜欢这家公司包容的企业文化，也跟很多同事成了挚友。他是公司在2001年第一轮裁员（这家公司在一年半后倒闭）中辞退的600名员工之一，他虽然很失望，但并不觉得诧异或恼火。"你没法对一家只是在尽力止损的公司生气。"他说。为了与异地女友娜塔莉（第五章会讲到她被裁员的情况）住得更近些，丹尼尔从旧金山搬到达拉斯，去了一家专注于医疗保健管理的软件公司，这家公司发展比较稳定，但显然没那么时髦。

在入职的头两年里，丹尼尔两获升迁，成了公司最年轻的经理之一。尽管丹尼尔非常享受这份新工作的稳定性和晋升性，但他对自己在这家公司的未来发展并无任何设想，而且常批评这么想的同事：

> 我看有些员工动不动就抱怨，说这里［丹尼尔所在的

公司〕没照顾到他们的职业发展。这总是让我很心烦,因为我觉得你们这帮家伙也不是小孩子了吧。你们该自己照管好自己的事业了。我们可以帮你,但若是你对自己的职业发展都不负责,那就是在害自己。凭什么一家公司要为你做这个?……有人说了:"嗯,我给公司干了十年,如何如何。"听着,他们也付了你十年工资,所以我觉得你们扯平了,明白吗?

对丹尼尔来说,对公司忠诚和公司资助员工职业发展的想法不仅过时,而且可笑。他不明白公司为什么要对员工忠诚,或者员工为什么会对公司有这种期待。说具体一点,丹尼尔扮演的是一个通情达理的成年人,而不是那些"像小孩子一样"依赖雇主的同事。这种将稳定就业视为幼稚依赖的观点表明以往的白领工作模式已发生了重大转变。丹尼尔由此采取了一种自立的姿态,以支撑他那受到威胁的男子气概和职业认同,但也放弃了可以让他批评前雇主或那种让就业日渐不稳定的庞大体制的立场。此外,尽管丹尼尔当即就驳斥了另一些人自认为有权得到一份工作的想法,认为那不过是种幻觉,但他没有认识到自己的"独立"在某种程度上也是虚幻的,至少就当前而言,他们并无多大差异,大家都要依赖雇主才能维持生计。

丹尼尔建议同事"照管好自己的事业",这清晰地阐明了我采访的每个求职者都表达过的一个信念(尽管强烈程度不一):

如今事业成功的关键不在于忠诚，而在于周密规划的自主性。这种被概括为"职业生涯管理"的哲学已经同时成为工作和劳动力市场中的一种思维模式、一整套行为准则及其忠实拥趸们的身份徽章。达拉斯的高科技工作者虽没有发明这种意识形态（我稍后会在本章追溯其源头），也不是其仅有的信徒，但在他们对自身、雇佣关系和事业成功的本质进行概念化的过程中，这种意识形态的确是一个不可或缺甚至是起决定性作用的因素。

职业生涯管理的核心是要把自己当成一个独立的创业者，而不是员工，用一名求职者的话来说，就是"一人公司"，即便身处传统的雇佣关系中也应如此。迈克·巴纳德描述了这种新的就业态度，他认为工作者若想抵御工作不稳定带来的影响，那就需要采取这种态度。

说到就业市场，我们是回不到六七十年代了，不管什么年代都回不去了，所以我觉得人们对自己工作的看法要改改了……你得把你现在的工作看成是临时工作，它会不断演化。学习就是新的工作。[21] 就是这么回事儿。要能往前走，把你的工作看成是一个演化过程，把自己看成一个独立约聘人，更多地把自己看成是一个独立的约聘人，而不是一个员工。想想你能提供些什么，而不是[问]"你想让我干什么"。对你想做的事要更积极主动，[这才是]真正的答案所在……跑出去找份工作，这是傻子才玩的游戏。你能干多久都是他们说了算。这说起来容易，很多人宁愿去做朝九晚五的工作，回家了就完全不想工作的事，但他们很容易就会变成牺牲品。他们会被淘汰掉，那也是自作自受。

和丹尼尔一样，迈克也是以独立的前瞻型思考者自居的人，而不是那些认为稳定工作还是一种可能甚至一种权利的"傻子"和"牺牲品式"的配角。英雄般的自立主张再次被用来建构成一种阳刚的能动性，同时牺牲品的定义也不再取决于是否丢了一份工作或面临职业或经济上的困窘，而在于是否寻求稳定的就业。

曾担任过首席技术官的38岁白人彼得·杜蒙德看起来比他的实际年龄要小得多，他说这个特点让他在青睐年轻人的高科技职场文化中受益匪浅，他认为职业生涯管理者[22]只是在对一个变化了的劳动力市场做出反应，在这个市场里，所谓的永久职位和临时约聘工之间实际上已经没有多大区别了。

> 我觉得每个人都会变成［约聘工］。我认为这［最近的裁员潮］将进一步扼杀终身雇佣的想法……现在大多数人一份工作只能干两年。过去，三年前，干五年是平均水平。回到［20世纪］90年代以前，人们一份工作能干20年，相当于一辈子。［大多数人］现在就只能干两年。在一家公司干两年和签一年的约聘岗有什么区别？一年，有时候你只要再签份合同就延长到两年了。

按彼得和其他求职者的说法，他们中的很多人在职业生涯的某个阶段其实已经做过约聘工了，如果你的工作并不比一份约聘工作更加稳定长久，那就应该像约聘工一样思考和行动，把每份工作都构想成一长串临时的约聘工作之一。[23] 在他们看来，完美的职业生涯管理者不能任由自己陷入虚假的安全感中。每个职位都不过是为下一个职位所做的准备，是一个磨炼和拓展技能的机会，在此期间最好还能完成让人满意的高质量工作。职业生涯不再是在既定公司阶梯中的线性晋升，而是主动将各种兼职、约聘工、所谓的永久工作、自谋职业期以及不可避免的偶尔失业拼凑起来的历程。即使在受雇期间，职业生涯管理者也必须跟上行业的发展趋势，坚持不懈地更新技能、丰富经历，考虑到大多数高科技行业技术革新的飞快速度，这的确是个艰巨且往往代价高昂的任务。职业生涯管理者必须建立并维系活跃的私人关系网和职场人脉，以便从中获取各种消息、工作门路和其他人脉。[24] 他们必须时刻了解劳动力市场的趋势，比如哪些技能有需求，哪些产业在衰落，哪些产业将来可能有发展空间。因此职业生涯管理者最重要的社会关系并不来自个别雇主，而来自其职业关系网和劳动力市场本身。[25] 相应地，就业能力①也就成为职业生涯管理者的全新保障标准，实际就业都要退居其次。[26]

---

① 就业能力也称可雇佣性，是指个人获得工作和维持就业的能力，取决于个人具备的知识和技能，以及向雇主展示个人优势的能力。

职业生涯管理为这些工作者提供了一种有关他们自身及其职业生涯的叙事，让他们不再依赖过去的阶层攀升模式。这种叙事绝非这些求职者所独有，全美的白领在思考和谈论自身及其职业生涯时都日渐表现出了这种特征。职业生涯管理的独特性很大程度上在于其明确否定了以往对忠诚、安稳和劳资间社会契约的思考方式，尤其是战后时代的"组织人"和20世纪80年代的精英个人主义者赞成的那些思考方式。"组织人"遵循的是加尔文派的传统，认为努力工作和自我牺牲就是事业成功的关键。如今的白领则认为，在当下这种竞争白热化的经济结构中，做一名忠诚甚至出色的员工也不足以保证事业成功。

　　职业生涯管理还修正了精英个人主义的信条，以反映专业劳动力市场已经变化的现实，同时认定这种现实是天然的、不变的。职业生涯管理者融合了新教的工作伦理和典型的美式创业诱惑，他们自认为有资格获得成功，这种底气与其说是出自他们的专业技能（尽管他们也会为此自豪），不如说是源于他们甘愿承担提升和推销这些技能的责任。这种新的叙事将当代就业的不稳定本质构建成了一种手段，借此可以让工作者形成各种有价值的技能组合，而这将确保他们未来事业上的成功。欧文·戈夫曼（Erving Goffman）[1]

---

　　[1] 欧文·戈夫曼，美国社会学家、作家，著有《日常生活中的自我呈现》等。

指出，一个人的自我意象①和评价自身与他人的框架，也就是戈夫曼所说的"道德生涯"，会在人的一生中不断变化。[27] 在每个阶段，个人都以一种能够解释其当前处境的方式来建构他对自己的过去、现在和未来的印象，而且通常都是好印象。于是在职业生涯管理者的职业叙事中，失业也就被建构成了他们在职业生涯中主动挑选的诸多职业中的一个组成部分，这既不反常，也非悲剧。

从上文的引述中可以清晰地看出，这种自主灵活的"一人公司"的叙事在很大程度上依赖于天真的、依赖企业的受害者的陪衬——在这个世界里，忠诚的员工不仅得不到回报，还要受人鄙视，而他们竟然还在充当这种角色。相比之下，职业生涯管理者则会强调他们的独立性，不愿相信雇主的"慷慨之举"。因此，对于求职者不稳定的就业记录，职业生涯管理就提供了一种赞美而非诋毁的叙事，同时解除了失业与失败的关联，将失业与自立和不惜一切代价谋求成功的意愿联系到了一起。

笃信职业生涯管理的白领秉持着一种自主高于一切的道德意识，连成功都要屈居其下，由此将自己塑造成独立于美国传统的最新化身。凯瑟琳·达德利在讨论20世纪80年代的美国中西部农民时指出：

---

① 自我意象是指个人对自身的表象或想象，包括对自己的能力、价值、目标和潜能等方面的评价。

传统上，独立和自立在美国社会一直被视为能确保成功的品质。这不是指那种与摆阔式消费或过度炫耀物质财富有关的"成功"，而是一种与"做自己的老板"有关的道德成就。自立者的奋斗不是为了追求阔绰生活的舒适或快乐，而是为了过上不亏欠任何人的自足生活。对于思想独立的人来说，自己做主、自承风险以及靠自己的成绩决定成败的自由是唯一值得争取的成功路径。[28]

无论是科技工作者、农民，还是持有类似职业自主观的演员、运动员和音乐家，他们都有一个共同点，那就是有在一个动荡的行业里工作的经历，其间的就业和事业的成功无法由任何一个比个体自身更大的实体来确保。[29]在以创新驱动的快节奏高科技世界固有的不稳定环境中，工作者秉持着一种以美国起源神话为蓝本的世界观，即自力更生的先驱们都是在一个危险的环境中养活了自己，工作保障是你自己创造的，而非上苍赐予的。（一家面向约聘工的招聘网站就自称"反映了那些离开企业并成为独立专才的职场先驱们的'精神'"[30]。）失业者被重塑成了前卫的、自立的职业生涯管理者，用一名求职者的话说就是"掌握了自己的命运"。高科技行业或许是出了名的动荡和不稳定，但如果按目前的趋势继续进行下去，这种前景很可能就会成为美国工作者的常态，而非例外。[31]

职业生涯管理者把自己塑造成了见多识广的实用主义者，为一个日益不安稳的世界开拓着新的战略方向。他们身处的"一人公司"运转良好，或者至少还算充实。2003年的一项调查发现，超半数的美国成年工作者对自己在传统工作体系之外获得稳定收入的能力充满信心。[32] 然而，对职业生涯管理这种意识形态的起源和发展的追溯却揭示了一种错觉，我们与求职者交谈时偶尔也会产生这种错觉，即这种意识形态就是由专业人士发起的草根运动所开创的哲学。职业生涯管理者并没有发明这种意识形态，也不是其唯一的信徒。相反，员工必须像"一人公司"一样运作的观念恰恰植根于管理文化之中，它与一场长达数十年的企业运动密切相关，而这一运动的目的就是"要防止员工对公司投入情感，以确保他们被扫地出门时不会转身上天台"[33]。

讽刺的是，在20世纪初，企业拼命给员工灌输的正是他们如今想力劝员工摆脱的心态。在19世纪末，自谋职业还是美国中产阶级白人男性的理想选择，公司必须让员工相信，对于志向远大又精明能干的年轻男性来说，来公司工作才是一个合理的、够男人的选项。雇主由此便开始在尚处萌芽的福利资本主义制度下为员工提供保险、养老金等各种福利。为了培养员工的忠诚度，他们为公司打造家庭的形象，还开发内部晋升制度，给上进的员工提供了升迁、扬名的机会，让每一名年轻员工都相信自己有一天也能掌管这家公司。[34] 他们的策略奏效了，由此催生出了一代代白领员工，对于公司的终身雇佣制和随之而来的福利，这些人不仅欣然接受，还觉得理所应得。

对于美国企业界来说，从鼓励忠诚到极力劝阻这种心态的转变是一个渐进的过程。1976年，管理专家道格拉斯·霍尔（Douglas T. Hall）曾鼓动员工主动管理好自己"变化无常的职业生涯"，他其实是在彻底转变职业生涯的概念。[35] 在那个年代，大多数公司会雇用一整个人力资源部门来管理员工入职、升迁以及离职。在霍尔看来，以个性化的职业轨道取代制度化的晋升轨道能够赋权工作者，并在雇主和雇员之间建立互利的合作伙伴关系。霍尔和后来的管理专家用来描述这种新的工作态度和机动性的语言与上述求职者的语言并无本质区别。当福利资本主义者的"宛如爱情和婚姻的形象被外遇或一夜情的形象所取代时"，员工就开始被催促着"充当自己的老板，表现得好像他们是在一家更大的公司里经营自己的小企业一样"。[36] 恩里克曾宣称"我不会跟任何一家公司结婚"，这与其说是在拒绝对方的"求婚"，不如说是反映了大多数雇主如今所鼓励的态度。

虽然职业生涯管理最初被认为是一种在特定公司内部用来改善业绩和提升工作满足感的策略，但从力劝员工在公司里要表现得像被赋了权的创业者，到要求他们在离职时也如此行事，这还只是第一步。现在有很多公司在招聘时都会告知求职者他们无意提供终身雇佣。[37] 举个特别直接的例子，一家正在精简人员的工厂在公告牌上发布了这样的告示：

我们不能向你承诺我们会经营多久。

我们不能向你承诺我们不会被别的公司收购。

我们不能承诺这里有晋升空间。

我们不能承诺你在这里能干到退休。

我们不能承诺有钱来支付你的养老金。

我们不能指望你永远忠诚,我们也不确定我们是否想要你忠诚。[38]

不过如此直白的免责声明还是比较罕见的。这类信息大多会隐藏在人们熟悉的那套自我赋权的话语中,比如一名高管解释说:"给我的员工工作保障就会剥夺他们的权利,让他们觉得不必再为自己的成功负责了。"[39]企业对职业生涯管理的认同现在还通过另一些针对美国中产阶级的文化渠道得到了强化,包括职业生涯咨询手册、励志书籍、商学院课程,以及主流媒体对岗位流失和失业的报道。[40]这类对不稳定性的修辞重构巧妙地将维护劳资间社会契约的重担完全转移到了工作者个人的肩头,旨在让他们不仅肩负这一重担,而且心甘情愿地把这看成是一个自立的机会。

若说我见过的求职者都乐于肩负这种重担,那确实有些夸张(比如很少有人会使用"自由人员"这类充满不稳定性的措辞[41]),但实际上他们对此是赞成的。他们描述自己工作方式和职业生涯的语言都直接取自用工企业认同的那套由无常、自主和责任构成的话术。这不足为奇,因为不少求职者做过管理层,他们本身就很了解管理文化和行话。然而疑问在于，对一个求职者来说，宣称自己是一家"一人公司"到底意味着什么？有人认为职业生涯管理者都在鹦鹉学舌般地重复这套自主和无常的管理理念，因而在不知不觉间受到了一个人为操纵的体制的欺骗，这种观点过于简单化了。尽管他们有时会用果决的语气标榜自己的独立，以近乎福音派的热情建议他人也如法炮制，但职业生涯管理者很清楚，不稳定就业的现状是他们被迫承受的，而不是他们自己造成的。不过同样明确的一点是，在欣然接受个人责任的过程中，求职者内化了公司的逻辑，舍弃了看待世界的其他角度。

例如，尽管新古典经济学[①]有各种假定，但公司和个体员工并非对等的实体。不论求职者多么激烈地宣称雇佣是双方签订的平等契约，当这种关系不再有吸引力的时候双方都可以自由退出，但实际上雇主始终占据上风，除非员工有能力再找到一份好工作，就像公司能找到新员工来替代他们一样。在一个岗位稀缺的劳动力市场中，情况绝非如此。然而在一种颂扬个人主义德行的文化中，人们有时很难认识到一些公司的能动性比个人更大。

例如，人们常会接受裁员，认为错不在个人或公司，这与求职者认定自己几乎无法阻止裁员的信念是交织在一起的。政见各异的求职者都表示，指望法院、政府、工会或乐善好施的雇主来

---

① 新古典经济学是一股兴起于20世纪初的经济学思潮，其观点是支持自由市场经济和个人理性选择，反对政府过度干预。

保护自己，那就是白日做梦。（本项调研中的大多数求职者不是得克萨斯州本地人，共和党和民主党基本各占一半，一小部分无党派人士和自诩的自由意志论者都认为自己是政治中间派。）迈克·巴纳德说道：

> 我觉得打工者还是别那么天真……要把自己当成生意人，而不是哪个社团的成员。你就算去打工，也不要加入哪个社团。并不是说你不能交朋友或怎样，但社团最终还是专制的。它由上头说了算。现实是你确实没有话语权。他们要炒你，你虽不高兴，但你有什么办法呢？真没有。要是你50岁了，[在一家稳定的大公司]干了23年，然后他们决定炒了你，那劳动法之类的东西真没多大用。现实就是他们能这么做。

对于用"劳动法之类的东西"来抵御职场不稳定性的做法，迈克的态度是漠视和怀疑，他身上体现了亨利·吉鲁（Henry Giroux）[①]所说的今日美国的"反政治"文化，即"认为批判话语和对社会变革的呼吁都是徒劳无益的"。[42]吉鲁认为，随着日常生活逐渐公司化，人们已经看不到现状的替代选项了，他们以市场价值观取代了社会价值观，也拒绝用集体或机构性的手段来解

---

① 亨利·吉鲁，生于1943年，文化批评家，美国批判教育学创始理论家之一。

决社会问题。一名年近花甲的求职者跟我说的话最能概括这一观点："我不会天真到以为我可以靠自己改变世界，我不会在注定要失败的事情上浪费生命。我试过了。我经历过60年代。用自己的脑袋撞墙，你只会落得个头破血流。我犯不着。"

大多数求职者不但对集体行动缺乏信心，对那些真心谋求或提议以组织形式应对经济危机的人也心存蔑视。我在2004年和求职者们谈到离岸外包①的时候，这种态度就显而易见。[43]尽管有人说全美都燃起了"反外包运动的熊熊烈火"，但跟我谈过的求职者们都没有表现出这种倾向。[44]

这股针对离岸外包的怒火在2004年总统初选时才现出端倪，他们没有这种感受，那是因为离岸外包在高科技界还是一种新的或不常见的现象。在此前的几十年里，汽车、鞋类以及儿童玩具等各类产品的制造商一直在将工厂迁往海外，或将生产环节外包给外国公司，以追求更低的税率、宽松的监管以及更廉价的劳动力和设施。离岸外包之所以会引发新的争议，是因为这种趋势延伸到了员工薪资较高且需要高阶培训的企业，尤其是高科技企业。为了促进工作岗位的外包并证明其正当性，这些企业曾做过一个权宜性的承诺，那就是"好工作"——需要学历和高级技能的岗位会永远留在国内，但如今的变化违背了这一承诺。

虽然这些求职者从事的工作正在向海外转移，但他们还是

---

① 离岸外包，即把工作岗位转移到用工成本较低的海外地区。

极其一致地将职业管理的逻辑应用到了全球劳动力市场之中。迈克·巴纳德第一次接触离岸外包是在20世纪90年代末，他说当时他的老板发现印度工程师的要价很低，成本只相当于"非常高端、高价的美国工程人才"的三分之一。最近，在一份约聘工作中，他的团队把原始数据发给了"新加坡的某个小组，他们会连夜把这些数据编排成一份报告"。在迈克看来，这些公司没错，他们只是采取了一种有利可图且越来越有必要的运营方式。

我觉得现实就是，几乎任何地方都可以基本实现即时的全球通信，一切都数字化了，你不可能……在不考虑外包的情况下还想让自己在哪个涉及信息技术的领域保持竞争力……所有这些新经济里的东西，不管［人们怎么想或怎么做］，它都会来。它会来，因为我们都看到它了，我们从形同虚设的边界上看到了，我们从北美自由贸易协议（NAFTA）之类的东西里也看到了。我们看到了。我们回不去了，我们觉得痛苦，因为我们不得不重新调整自己。美国必须成为全球经济的一部分，而且［扪心自问］，如果我们要保持竞争力，那得怎么干？我们得成为更好的营销者。我们必须更精心地打理自己的事业。在你个人能做的那些事情上，［你］必须把自己看成是这个新经济的一部分。

在迈克的构想中，对全球竞争的恰当反应不过是国际范围内的职业生涯管理。其他人在此看到的或许是那条基于工业化、移民、全球化和新自由主义而发展出的历史轨迹的顶点,这一趋势极具争议,政治上也颇为微妙,但迈克所见的却只是每个个体(单个国家、单个公司、单个工作者)都有充分利用这种环境的责任,尽管他认为这种环境并不受他们掌控。[45]

高科技工作者以及其他的专业人士、管理人员和训练有素的技工一边投身于全球经济,把那些为美国及其工作者降低竞争残酷性的人为手段贬斥为保护主义措施,一边也因逐渐脱离了他们所在的国家而饱受指责。[46]一些人担心这个拥有特权的工作者阶层会感觉不到他们与国家或同胞之间的关联性,在面对国家或全球层面的社会问题时,他们会"撤回到有保安把守的私属领地或飞地上去,只要有这个必要"[47]。跟我交谈过的工作者确实都不觉得自己有这种想把工作岗位留在美国领土上的民族主义冲动,他们认为自己的经济福祉是与更大的全球力量紧密相关的。话虽如此,这些工作者还是非常关心美国在全球赛道中的地位。他们认为自己热忱地投身于全球经济并不是在排斥祖国,而是在为国出力。在他们看来,如果有谁想退回到自私的孤立主义中去,那他无疑是不愿与时俱进并提升自身技能的人,他们认为那些人为建立贸易壁垒甚至不惜损害美国利益,人为地将美国与全球竞争隔绝,以至于阻碍美国成为其理应成为的全球科技领导者。持这种论调的人认为,只要每个人都为自己的职业生涯负责,那么每个人都会过得更好,不但如此,由具备最新的技能、着眼于未来产业而非传统产业的自立工作者构成的共同体,也最有可能把美国领入全球竞争的新纪元。

在谈到离岸外包时,求职者们又一次提起了那些仍在这个不稳定的世界里寻求稳定的、自愿的、牺牲品式的配角。他们表示,那些认为公司不能或不应将工作岗位转移到海外的人,和那些觉得公司欠他们一份长期稳定工作的员工一样,都受到同一种错觉的蒙蔽。正如导言中的信息架构师兼服务生亚历克斯所说:

> 因为自己的工作岗位被转移到别处就发火叹气的人,他的问题始终都会存在,不管是工作岗位被转移了还是被撤销了,他都会面对一连串同样的问题……我对他的回应就是做你必须做的事。真的很遗憾,你没法坐在自己的格子间里靠敲代码挣到6万、6.5万、7万、8万美元的年薪,只因为有个家伙可能比你做得更好、比你更快,还只要你十分之一的薪水。这也不重要了。每个人都要明白,再没有退休谢礼了。你没法在一家公司一直干到拿养老金了。你得有这个准备。

这位职业生涯管理者应对离岸外包的"解决方案"不是抵制(按亚历克斯的说法,对岗位外包"发火和悲叹并不能让你更快地找到工作"),而是要朝着至少在理论上能让你最大程度避免被外国竞争者淘汰的方向管理好自己的职业生涯。在这一问题上,职业生涯管理者再次援引了那套赋权话语,担起了保持自身就业能力的责任。他们坚称自己不是资本主义制度的牺牲品。他们是这个制度中一群自愿的、有意识的参与者，每个人都是一家小型资本主义企业，全面参与全球经济的好处必将远远大于打一场抵抗全球经济的防御战所能获得的收益。

求职者对离岸外包的认同带有某种自以为是的意味。他们为自己适应了这种经济制度而自豪，对那些要求制度适应自身的人的评价则相当苛刻。（我们还可以找到一些与之类似的重要案例，比如白领工作者对工会的批评，以及在20世纪80年代的农业危机中保住了自己农场的美国农民对联合起来反对止赎权①的农民所表达的蔑视。[48]这里的不同在于，失业的职业生涯管理者很难被炮制成他们所认同的那种制度的受益者。）例如，恩里克·比瓦尔就将反对离岸外包或请求企业或政府施以援手的本能归因于美国人膨胀的权利意识。

> 在美国，我觉得我们都想着不费吹灰之力就能赚大钱。70年代可以，80年代可以，90年代初大概也可以，但时代已经变了。你知道吧，我这么跟你说吧：为什么［抗议离岸外包的人］不找一两天下班后去进个修呢？为什么他们不去培个训呢，额外的那种？就是不去，除非公司买单。你知道

---

① 止赎权指抵押人若没有满足抵押品赎回期间所需要满足的要求（通常没有支付利息），则债权人有权取消抵押人对抵押物的赎回权。

有多少人是投资了自己才保住饭碗的？是公司该这么做，还［是］个人该这么做？你要是想保住饭碗，那就得锤炼自己。

有人提出，像职业晋升和经济保障这样的事情都应该是自然而然的，应该被视为权利，而不是来之不易的特权，这让恩里克颇为反感。他承认岗位流失和失业让自己步履维艰，但同时也认为他和那些反对离岸外包的失业者有一点不同，那就是他愿意尽一切努力来改善自己的处境。

我一边读EMBA，一边还要照顾两个孩子，一头失业了，一头还得找工作。是的，很难，但若是你不投资［自己，你就成功不了］。我现在正琢磨着怎么样才能搞到PMP［项目管理专业人士］的重新认证，我不想被取消PMP认证。我还得去学校，我得上些课，人得在自己身上投入时间。有些人会和我争论。哦，那家人怎么办？家庭不重要吗？好吧，这是个问题。你想在美国生活，你想实现美国梦，那就必须付出代价，这是有代价的。

恩里克认为，正因为愿意付出这样的代价，他才成了一名成功的职业生涯管理者，并强化了他是一个硬朗的实干家而非懒惰的依赖者的感觉。在那些精疲力竭的日子里，他花了不少时间求职，最后却毫无头绪，甚至没得到一次面试机会，但他在职业生涯管理上并没有失败，这反而能证明他在这方面的拼搏精神。

与恩里克一样，亚历克斯也为自己在竭力谋生的态度感到自豪。对那些在处境艰难时向政府伸手的人，他表现出的失望和恩里克如出一辙。

> 并不只是政府，我就是觉得谁都不欠谁什么。我信运气，也信业报。但回想一下你认识的那些看起来运气总是最差的人。那些看起来从不把生活安排妥当的人好像总是摆脱不了厄运。的确，我也走过不少背字，但我觉得区别就是我在尽力遏制这种状况，我不会老想着自己的这些事儿，我想的是我为了改善这种处境做了什么。所以还是得时刻打起精神，把自己收拾干净，然后继续前进，因为只要一泄气，你就完了。那还不如躺平等死。所以我都是指望自己，我从没指望过政府。我从不期待政府会制订什么计划，也从不期待政府会有什么恰到好处的促进机制能让我更快就业。到目前为止，政府还真不在我的考虑范围之内。我想，问题又回到我之前说过的话题上了：一个人愿意干什么，又不愿意干什么。没人想去铲屎，但有人付钱让你铲，你可能就不得不铲，直到出现更好的机会。对那些觉得任何一种有报酬的工作都配不上自己的人，我想我也没有太多时间或同情心可以给他们。

对亚历克斯而言，一切都回到了你必须去做的事情上，当然，只要你必须做的事不会对公司、政府或同胞提出任何要求。亚历克斯实际上收到过政府提供的失业救济金，恩里克也是一样。（只有25岁的受访者卢克·赫尔格森是个例外，这位电信工程师被解雇后搬回了父母家中，但他拒绝领取失业救济金，因为他觉得失业救济金不符合自由主义的理念。）然而由于这些福利是现行经济制度的一部分，所以恩里克和亚历克斯都视之为自然或正常的救助形式，完全不同于心怀不满的抗议者正在游说的那些额外的或增进式的（因而也是不合理的）援助，比如抵制裁员或禁止离岸外包等。现有的失业救济金本身就是集体劳工组织耗费数十年才争取来的成果，但他们并未考虑到这一点。

科技工作者对个人成就的信念清晰地塑造了他们对政府干预经济事务的态度。大多数求职者坚决反对政府的各项计划或法规，认为这会阻碍竞争体制，在他们看来，竞争体制就是现代商业世界的基石。但现实中很少有美国人支持真正的自由放任的经济政策，职业生涯管理者也不例外——"即使人们……在政府法规方面自诩是最低限度主义者……实际上却期望政府调控经济并保障［某些］利益"，比如环境质量、劳工保障以及最低工资等。[49]大多数人自称支持不受约束的市场，同时又认为多种形式的束缚是自然甚至必要的，这表明，在一定程度上，对于自由市场意识形态的争论与其说关乎原则，不如说是关乎政治和自我认知。例如，有些科技工作者（尽管不包括恩里克）确实支持那类在他们看来有助于工作者充分发挥其竞争潜力的政府措施：为教育和培训提供补贴；将失业救济金领取时间扩展到过渡期；改革教育体系，向学生传授职业生涯管理知识，而不是让他们为一种不复存在的就业模式做准备。这些工作者常常会反对限制公司或劳动力市场的计划或保护性立法，他们认为这会扼杀竞争力，阻碍工作者通过个人举措来促进自身的职业利益。

求职者对医疗保险的态度也体现了他们的这一信念，即市场是解决社会弊端最有力、最高效的机制。在我的受访者们看来，21世纪头几年推行的医保方案完全不符合职业生涯管理者的需求，无论他们有没有工作都是如此。（这是奥巴马总统于2010年3月签署的一项已成为法律的医改计划之前的医保方案，其中若干条款旨在增进失业的美国人享受平价医疗服务的机会。）传统上，美国白领都是由雇主购买医疗保险的，而失业者、自谋职业者或约聘工就只剩下两个同样乏味的选项了——要么没有保险，要么购买昂贵的个人保险。根据1985年统一综合预算协调法案的规定，符合条件的被解雇员工及其家属可以在有限时间内享有团体健康保险，但即使是这种保险，对大多数求职者来说也是十分昂贵的。科技工作者对医保和在企业就职挂钩这种明显过时的制度颇感失望，对通过政治手段来推动更妥当或更灵活的保险方案同样缺乏兴趣。相反，他们几乎全都相信保险业最终会自行改变，以顺应一个流动性渐增的劳动群体的需求。

很多求职者相信，出于盈利的目的，独立保险公司最终会向失业者提供更多平价保险,以弥补其中的空白。例如彼得·杜蒙德就认为,只要保险公司开始争夺这个由自谋职业者、不稳定就业者或其他无保险工作者构成的不断成长的市场,保险的选择就会猛增。

> 我想你会看到更多公司给人们提供更多保险池的,会有更多自助餐厅式的东西,你可以自己选择[你想要的计划或收益]。我觉得打工人只是想拥有自己的保险,并且随时都能自己处理,而不是非得跟老板打交道。我想这是以后会出现的。现在还没有,但以后会有的。

另一些求职者对医疗保险业的未来也提出了各自的设想,但所有人都赞成一点,医疗保险逐渐会以个人(非雇主)为中心。事后看来,这些预测都错了,至少在这层意义上错了——直到2010年,公司式方案都未能给失业者提供更便宜的医疗保险。然而求职者预设市场最终会解决问题这件事的关键点并不在于这些预设的准确性,而在于求职者在多大的确信度下作出此判断。求职者认为提供平价医疗服务还只是市场所能解决的问题之一,按他们的预测,人们管理退休账户和养老金的方式也将发生类似的变化,以便流动性大的工作者在换工作时也能自行转移这些资金。[50] 他们还预计失业救济体系将发生重大变化,现行体系往往会妨碍科技业求职者接受临时工作或约聘工作,因为他们的收入只要超过某个（可以说是很低的）水平就会失去这种福利。他们认为，这类变化之所以会发生，是因为它们有经济上的意义，而不是因为有什么组织或机构在奋力助推。因此即使求职者对某个目标深信不疑，比如让人们可以享有不基于就业的平价医疗和保险，他们也认为没有必要采取政治行动，因为这些人深信市场这只看不见的手已经在幕后为他们代言了。

职业生涯管理的完整假设就是，由于公司不再为员工着想了，那么如果员工想要获得保障和成功，最好还是靠个人的技能和规划。指望政府来当替代性的保护人，只会再次营造出科技工作者最为唾弃和忌讳的那种具有依赖性的脆弱处境，以至破坏职业生涯管理的精神及其赖以立足的个人主义和创业精神的传统。

这种赋权式个人主义宣言所带来的情感慰藉是显而易见的。在一个不稳定的世界里，相信你就是自己命运的主人，这的确令人陶醉。同样确定的是，你不是任何人的牺牲品，没上任何人的当，也绝非被什么人替换掉的雇员。然而保持这种身份是要付出一些代价的。失业并不容易，即使对最坚定的职业生涯管理者来说也是如此。求职者们一方面在鼓吹他们那种灵活自主的工作方式所带来的好处，一方面又遇到了很多与前几代失业白领一样的压力和问题。职业生涯管理的开创者道格拉斯·霍尔就注意到了这一点。

现在我可以近距离地观察"多变的职业生涯"了，我可以看到两面——你刚才提到了好的一面［人们会发现其职业生涯的控制点①就系于自身］，也有一些不那么正面的因素。人们突然丢掉工作的时候，压力肯定非常大……面对各种需要他们去适应的状况，要保持自己的身份认同，始终知道自己是谁，这确实很难。[51]

为客观上谁都无法掌控的事情和结果负责，这的确是一项让人精疲力竭的任务。在一个不稳定的世界里保持自我意识和自尊也是如此。

考虑到一个人为维持和展现自信、自立的职业生涯管理者形象所要投入的大量情绪劳动②，我们有理由怀疑，职业生涯管理归根结底或许只是些言辞而已。此前的一项研究表明，使用自主式辞令的管理者只是披上了一件"正确的意识形态外衣，目的是公开地把自己打造成具有创业激情的代言人"[52]。在很多职业环境里和失业者聚集的大多数活动中，公开拒斥职业生涯管理的逻辑的确有可能引发不快，拒斥者会在社会和职场上被孤立，甚至遭人非议（我在第四章就谈到了这样一个场合）。因此，使用

---

① 控制点，也称控制源，指个体认识到的掌控其行为结果的力量来源。

② 情绪劳动是指员工在工作中必须展现某种特定情绪以达成工作目标的劳动形式。

职业生涯管理的辞令，将自己展现为一家"一人公司"，这与其说是一种感受深切的身份认同，不如说是一种策略性的文化表演。有些受访者在偏离职业生涯管理者这一派系路线的时候，确实会对不稳定性、自主性和失业表现出更矛盾的态度。这些例子揭示了求职者世界观中的重大裂痕和前后不一之处，一旦出现这种矛盾，我都会尽力去理解，但这些矛盾尚不足以掩盖求职者已经内化的观念，他们还是会尽力按照自己所认同的创业理想去生活。

求职者的自我呈现[①]和他们阐述的看法在不同情境中长期（长达八年）保持一致，这些情境包括在一对一面谈和小组式的闲聊，以及一系列社交和求职活动中观察到的情况。这些表现若只是故作姿态，或是因被胁迫而勉强表演出来的，那么这种一致性即便不是不可能，也是说不通的。这不是说被胁迫和故作姿态对求职者的自我呈现毫无影响（我会在后文中讨论这两点），而是说它们本身并不能解释求职者为何会采用并恪守那套职业生涯管理的辞令的原因。

除了求职者所说的话之外，他们在日常生活中的所作所为——怎样找工作、安排日常生活、理财以及与人交流，也能反映出他们对职业生涯管理这一意识形态以及与之相伴的行为准则有着深

---

① 自我呈现是指一个人通过一定的方式影响他人形成对自己的印象的过程。

厚而持久的信念。为了探究求职者的实际生活与其秉持的世界观之间的联系,在此后的章节中,我打算记录下作为"一人公司"的他们,是如何在日常生活中应对各种或世俗或抽象的现实问题的。

第三章

最难的工作

62 　　基思·哈特曼，44岁，专门帮助美国的科技公司拓展日本市场，他觉得自己天生就是干这行的料。

　　　　你知道，我这辈子的目标就是在美国和日本之间做些什么……我有一半日本血统，从小到大，我父亲都在军队里服役，我父母都不太了解对方。我父亲也不了解日本。他那代美国人就觉得日本是个第三世界国家，所以他对日本从来没有好话。我在成长过程中看到过很多文化层面的问题，他们吵架差不多都是因为对彼此的文化一无所知。所以我的工作就是把童年的创伤经历利用起来［轻声笑］，目前我在跟日本和美国的公司合作，并且确保他们能够合作，帮助他们正视那些问题，并解决掉它们，然后继续前进。

63 　　基思念大学时本想从医，他在完成学业的同时一直在医院急诊室里做全职护工，但他还是转专业了，最终拿到一个亚洲语言学的文学学士学位。由于觉得"拿个日语学位什么都干不了"，基思又读了一个工商管理硕士学位，专业方向是国际商务。在20世纪八九十年代，他曾为一连串想要进军亚洲市场的大公司效力。过去的14年里，他几乎一直在高科技行业工作，专门从事国际市场的销售和开发。与此同时，基思已经结婚20年了，和妻子养育了三个十多岁的孩子。

我在2001年认识了基思，此前三年，他在很多创业者朋友的鼓动下辞去了公司的职务，以独立咨询顾问的身份做起了自己的业务。他妻子当时并未在外工作，于是就在家帮他处理账目。基思很快就签下了一些相对长期的合约，有一份还是跟他的前雇主签的，但以约聘为基础的工作也是利弊参半。[1]

> 在公司这个平台，他们有一个信息技术部，会有各种各样的支持人员来协助你。你只需要干活，做好分内的事就行了。作为一个独立约聘人，如果电脑坏了，我得自己拆了修，什么事都得自己来。另一方面，作为一个咨询顾问，我每天的入账都在一两千美元之间。按这个效率，我一周只用工作三天。所以我有很多闲暇时间，可以把时间花在孩子们身上。这给了我很大的灵活性，给公司打工的时候可做不到。

如基思所见，经营自己的业务虽然增加了风险和后勤问题，却也因自定日程的灵活性和咨询的财务收益得到了补偿（由于缺乏医保和退休账户等就业福利，好处也有所削弱）。

基思做了两年的咨询顾问工作后，一个熟人找到了他，此人是一家跨国公司的董事长，他想请基思去管理该公司的亚太业务。基思当时已厌倦了自主创业的压力，他对这个新机会感到十分兴奋，于是接受了这份工作。2000年11月，基思才去了五周，公司的风险投资就中断了，扩张计划叫停，他本人也随即被辞退。尽管这次裁员出人意料，但基思的处境和他前两年作为独立约聘人的处境并没什么不同。基思说他自2000年11月以来一直在"找工作"，但在那段时间里，他也是一名有偿咨询顾问。这些状态并不会相互排斥，从某种意义上说，咨询顾问永远都在找工作。在职业生涯管理的框架内，这种含混不清的态度使得就业（及失业）的确切定义变得愈加复杂。

对美国的工作者来说，工作和身份认同无疑是捆绑在一起的（特别是男性，尽管我在第五章把这一假设复杂化了）。大多数学者认为，正是失业导致的身份认同失衡引发了很多传统上与失业有关的情绪和心理问题，对白领而言尤甚。[2] 凯瑟琳·纽曼就指出："阶层下滑的经理人都悬于半空，与社会隔绝，没有稳定的自我认同感。他们受过的训练使其将身份认同问题等同于职业问题，却不能使其在原属的企业文化中占据一席之地，因而最终还是处于社会性失能的悬浮状态。"[3] 纽曼把这种缺乏固定职业身份的状态比喻成了一种临界或"居间"的生存处境。经理人在失业时也会失去自己的文化认同和社会地位，失业是他们在成功再就业之前所处的一种令人不适的、反常的过渡状态。她认为失业的耻辱感源于一种想在文化范畴（比如当之无愧的就业者和不思上进的失业者）之间维持清晰界限的需求。[4] 然而一旦支撑这些道德判断的二元对立本身变得模糊不清，一旦失业和就业之间的界限变得越来越难以厘清，那又会发生什么呢？

按照职业生涯管理的信条，所有工作都是暂时的，职业生涯就是由各种职务拼接而成的，比如短期和长期的工作、全职和兼职工作、创业和打工等。和基思一样，不少求职者在被辞退后都会想方设法地赚钱，有时会运用自己的专业技能，有时不会，但他们仍认为自己处于失业和求职的状态。我在第五章会讨论失业带来的实质性挑战和科技工作者打零工的性质，不过本章要考虑的就是求职者的日常境况和感受，以及他们在求职期间如何管理自己的时间和情绪。

对基思·哈特曼来说，失业的主要难题并不在于财务状况。

> 我们有不少积蓄，还做了些风险比较小的投资，所以我们的钱够用，投资也不会跟着别的什么事儿一起崩。我们相当于在靠我的退休金生活……我们不会大手大脚。我们家的房子很漂亮，但我们不开新车。我俩的车都开了八年。不过我们有很多积蓄，可以让我们过上个……我不知道，如果有必要的话，我大概还能这么过上八年。可谁想这么过呢？

尽管经济条件相对安稳，基思夫妇还是有些担心，不过他们都尽量不让这些情绪影响孩子们。

> 我们不会在孩子面前表现得焦虑。孩子们知道我失业了，但赚钱是我的责任，不是她们的。所以我不想谈太多。

她们知道我在找工作。她们知道我失业了。但除了这点以外，我不觉得她们的生活有什么变化。

基思夫妇尽了最大努力来保护孩子，让她们免受父亲失业带来的压力，但正如基思后来透露的那样，全家都受到了影响。

我们现在已经度过了两个圣诞节，而且她们都还不大。孩子们从来没说过什么。其实在刚过去的这个圣诞节里，我们给女儿们发了一张纸，让她们把圣诞心愿写上去，我的小女儿就写了："我只想让爸爸找份工作。这就是我的全部心愿。"

基思复述女儿的心愿时有些哽咽，泪水夺眶而出。显然，他的失业影响到了女儿们，她们的生活发生了变化，即使非常微小。在那个辛酸的时刻，基思自信的自我呈现动摇了，再次开口时，他就谈到了失业最让他糟心的部分，这个部分跟他的孩子和经济状况无关，只关乎他在生活中发挥的作用。

对我来说，这次求职最大的问题、最大的消极面就是没有归属感。我在过去不是忙自己的生意，就是去公司上班。我是有一席之地的，我能在生活里发挥作用，现在我就像在漂着。我觉得我没有目标。目标就是找份工作。但我不属于任何地方，我有种非常强烈的疏离感。

虽然职业生涯管理是一种有助于增强身份认同的意识形态，但失业还是给科技工作者带来了前几代失业经理人都曾面对过的诸多挑战。他们有时也会感到被孤立、不受重视、没有目标。职业生涯管理者对他们所做的工作和以此赚钱的能力都抱有强烈的认同，尽管不一定是单一的长期工作。例如，基思就说他做咨询顾问时会觉得自己是在为某些事做贡献，尽管他贡献的对象会随时间而改变。没有一个雇主可以用长期成功来衡量他的劳动成果，但他还是觉得自己做的工作是有价值的，而且他也由此找到了自己的人生目标。现在，由于丧失了职位，基思已经不确定他的价值何在，或者是否还有价值了。

然而在失业开始挑战基思的身份认同和自我价值时，他还是会寻求明确的个人解决方案，一如既往地践行职业生涯管理的信条。

[我做咨询顾问的时候，] 是在为某些事情做贡献。是在帮某些人取得进展。现在我可以通过志愿服务来排遣这种感觉。我发现做志愿者很有用。这种事我干过很多……我是 [本地] 警局的翻译志愿者。要是他们半夜遇到了一些跟日本人有关的事故之类的，需要 [跟对方] 交流，那就可以给我打电话。我就是想忙起来。我想着这些活动里至少有一

些或许能让我找到工作门路，但这种好事可不常有。你知道，很多介绍工作的地方[5]都会告诉你，不要把注意力放在自己身上，而是集中精力去帮助别人。帮了别人，你也能得好报，我觉得这是对的。所以这些事儿我全都参与。我刚刚还加入了白岩湖保洁俱乐部。我不觉得这对我有什么直接帮助。我可能会见到某些人，我这么做就是因为这是一项活动，可以让我认识一些人。

对基思来说，协助警方和清扫社区的目的不止一种。这既可以让他保持忙碌、接触他人，也可以为这个世界做点好事。此外，基思还说他去清理湖面时"可能会见到某些人"，这是指有可能给他提供工作或求职门路的人。

很多求职者都把一种更直接的志愿服务当成了求职策略。上一章里，颇有冒险精神的菲尔·赖特虽自称失业者，但他每周都要工作很长时间，给创业公司提供无偿的咨询服务。他还没有从这项工作里赚到一分钱，但他确信这些公司一旦被投资，他就能分得一定比例的佣金。菲尔并不是唯一一个以免费工作为赌注来博取经济回报的人。很多求职者从事志愿者工作都是希望能将其转换成有偿的职位，不管是全职的还是约聘制的。不少网页设计师会免费向朋友、小企业和当地的非营利机构提供服务，希望自己的工作能获得对方的关注，继而带来有偿的设计工作。我认识一位从物理学博士转行做程序员的女性，她就无偿为一名想创办在线流媒体视频公司的创业者提供了几个月的帮助。她的初衷是，如果对方的公司拿到了风险投资，她就能在这家公司获得一个职位，协助推进该项目的另外6名科技工作者也都抱着这一目的。在那几个月里，她每周都要为这个项目耗费10个小时左右的时间，最后却发现该公司数字技术的目标市场是色情业，于是她又转而为女儿所在学校的网站提供无偿服务。也有人用这种策略取得了成功，最终从他们无偿服务的机构那里拿到了报酬，偶尔还会收到对方的工作邀约。

志愿服务给求职者提供了除经济以外的好处。尽管这些科技工作者认为裁员是不可避免的，但他们绝不会忽视失业有可能给情绪造成的影响。他们说丢工作很常见，这相对来说是可以预料的，而且时间长了会更容易习惯，但他们从来没说过这不会给人造成伤害，伤害多多少少都会有一些。在描述自己被裁员后的情绪时，很多科技工作者都引用了伊丽莎白·库伯勒-罗斯（Elisabeth Kübler-Ross）的死亡和临终阶段说——震惊与否认、愤怒、讨价还价、抑郁、接受。[6]科技行业的求职者和库伯勒-罗斯说的一样，这些阶段的终点不是对突然引发这一过程的事件感到幸福，而是接受。求职者大概永远不会因为自己被解雇而感到兴奋，但他们都觉得接受是一个值得钦佩也可以实现的目标。即使在体验这些情绪的过程中，科技工作者仍将其形容为"自然的""典型的"和"可预测的"。一名年轻的求职者谈到了自己被解雇时的情况。

第一次发现我被炒了的时候，我确实受了些影响。我会问："为什么是我？"这当然是个很自然的问题。但他们必须做出决定。我觉得到了一定时候，你就能接受并且往前看了。

恩里克·比瓦尔也附和了这一看法。

你被裁的时候，[你会问自己：]我做错了什么？凭什么是我？为什么盯上我？为什么我会被挑出来？是我说错什么了吗？是有什么事我没做吗？还是我技能有欠缺？想要继续生活，你就不能这么说：噢，是的，我缺少那些技能，我不懂这门语言，或者我不知道怎么干这个活儿。你只是在错误的时间出现在了错误的地点。就这么回事儿。你得向前看。

对于前几代的失业者来说，"为什么是我"这个问题往往会让他们焦头烂额，这伤到了他们身份认同的核心，也削弱了他们的自我意识。对于21世纪头10年的科技工作者来说，"为什么是我"虽是个入情入理的问题，但一个好的职业生涯管理者在继续求职的过程中，还是应该尽快把它抛开。

求职者对长期失业的困境表现出了类似的态度，而他们经历的失业时长也创下纪录。在过去的40年间，平均失业时长在显著增加，从1970年的不到10周，到2003年的近20周，直到2007年的

24周以上。[7]在21世纪初的经济衰退时期，白领在长期失业人群中的占比也越来越高，人们一直认为他们的技能、所受的教育和背景可使其避免长期失业，但这种假设与现实是不符的。[8]2003年，在失业超过27周的人群中，白领约占30%（在2007—2009年的经济衰退中，这个比例已接近50%）。[9]科技工作者的前景越来越黯淡，2003年，在全美失业6个月及以上的人群中，他们的占比达到了整整三分之一。[10]同年，得克萨斯州北部的科技工作者被辞退后的平均失业时长是13.6个月，而非几周，这几乎是全国平均水平的3倍。[11]

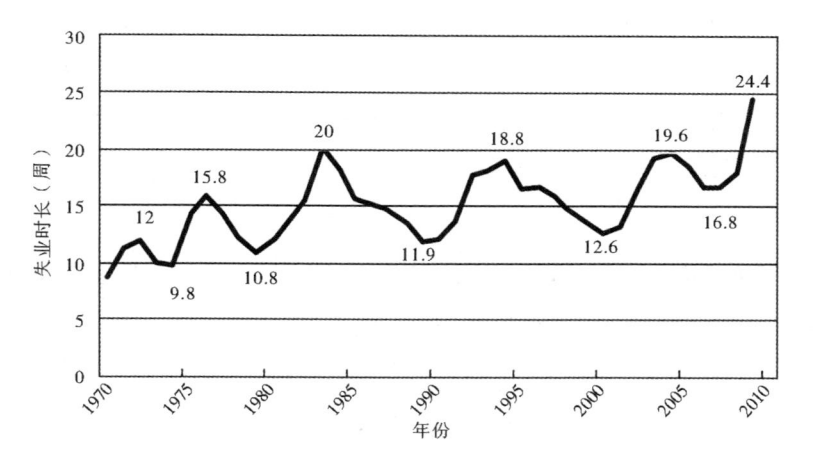

图5　平均失业时长（以周为单位）。1970年，美国失业者求职的平均用时不到10周；在2007—2009年的经济衰退期，这一数据已上涨至25周。数据来自美国劳工部、劳工统计局。

失业造成的负面影响一般都会因长期失业而加剧，特别是抑郁、挫折感和孤立感。[12]事实上很多科技工作者表示他们在失业时经历过一段抑郁期,而且往往对此非常坦诚。我在第五章会详细介绍艾德·唐纳利的故事,这位58岁的求职者就讲述过自己在保持乐观情绪方面遭遇的困境,当时他已失业了三年。

> 都多久了,有三年了?[艾德停顿了很长时间,]我爱人多年来都在接受抑郁症治疗。纯粹的临床治疗,不管是什么化学物质导致了这种病,她反正是得上了。现在我也开始接受抑郁症治疗了。[见]同一个心理咨询师,吃一样的药。我的药量没她那么大,但我的病情主要是环境造成的。失业了。要是能找到一份体面的工作,我可能就不用再接受治疗了。但在那之前,保持积极心态对我来说还真是个挑战。

求职者卢克·赫尔格森要年轻得多,离30岁的生日还有几天。他也描述了自己被裁员后陷入抑郁的短暂经历。

> [你]在找工作的时候就会进入那个阶段,抑郁阶段。我也不知道该怎么称呼它。我知道我有过那个阶段。大概是两三周或者四周吧。我没记日子。[笑]也许我应该记一下。然后我一想到,噢,我得出去干点什么了,[我的情绪]就又恢复了。我不知道[别]人陷入这种困境的时间是

不是比我长，也不知道他们是什么情况、什么处境。我不知道。

这种自我袒露在某种程度上可以表明一点，近几十年来，抑郁症等心理健康问题在文化上已经正常化了。这类疾病以及各种疗法——比如心理治疗和使用抗抑郁药物等，在当代美国已不是什么耻于告人之事。因此，承认抑郁很少会对他们造成前几代失业者（尤其是男性）可能会感受到的刺痛。

求职者们相信抑郁只是对失业的一种正常反应，这让他们更有勇气来公开谈论自己内心的挣扎。基思·哈特曼也在更广泛的层面上谈到了自己被裁员的情况和随之而来的挑战："我愿意在任何地方讨论这些问题。我不认为是我搞砸了什么事情才落到这个境地。与其说这个状况反映了我的问题，不如说它反映了当下的社会和经济环境问题。"基思最终花了22周来找工作，他并没否认自己体会过抑郁和挫败感，但他把关注点放在了如何缓解这些感受之上。他首先开始了有规律的锻炼，这是求职者的常见做法，不少求职者都说自己失业后生活得更健康了。一名营销主管在求职的第一年就减掉了约9千克的体重；另一个人为了获得免费的健身房会员资格，还去带了一些有氧运动和瑜伽的班；基思参加过两次当地的铁人三项赛。这三位求职者都强调规律的锻炼对防止抑郁确有额外的好处。

志愿服务和锻炼等活动不但改善了求职者的心境，也让这段愁闷的紊乱期多了几分条理。失业动摇了工作者日常生活的根基。由于没有预定的时间表和明确的工作职责，曾经支配着科技工作者日程的规则和责任在刹那间都消失了。尽管职场男女们普遍渴望摆脱这些规则和角色的束缚，但实际上日常程序的瓦解很少会让人觉得放松或释然。基思解释道：

> 丢了工作以后，你的生活会变得很没条理。定个日程表，每天这个时间做这个，那个时间做那个，坚持下来，这对人是有好处的。这能给你一种规律感，不然你会觉得自己像是在度假。你不知道什么时候该起床，还会通宵看电视等。

一旦发觉这点，基思就不再"整天盯着电脑"了，他重新开始有条理地安排日程，在家庭和（求职）工作之间划出了严格的时间、空间和概念界限。

科技业求职者常会说找新工作就是他们的新工作。他们还认为这是他们做过的最难的工作。求职者并没有把失业看作是没有工作，而是把失业，或者说得具体点，就是把求职当成了另一种形式的工作。为了证明求职本身就是一份工作，失业白领创造了一种求职系统，继承了在职工作的形式，即便并无在职工作的功能。按凯瑟琳·纽曼的话来说："我们用来赋予意外事件以意义的工具，都是我们文化的馈赠。"[13] 在给失业打造新模式的过程中，求职者直接把有偿的全职工作当成了模板，从而为求职这份工作注入了传统上只有带薪工作才具备的道德价值。

为此，求职者都试图在失业时照搬办公室的节奏。有些人坚持出门求职，利用公共图书馆或为失业者而设的资料室（很多城市和非营利机构有提供）来查阅电子邮件、搜索招聘网站、修改简历，或者研究潜在雇主。对于在家里找工作的求职者来说，从厨房到家庭办公室的通勤距离就只有几步之遥。很多求职者虽用失业后的闲暇时间陪伴家人，但就像大多数在家工作的人一样，他们也常会立下一套规矩，以免除办公室门外的家庭生活对其工作日活动的影响。比如一名想要自己开公司的项目经理就在家庭办公室门外挂了块牌子，一面写着"爸爸在工作"，另一面写着"爸爸在家"。严格来说，无论这牌子展示的是哪一面，爸爸当然都在家，但妻儿们都明白，"在工作"就相当于咫尺天涯。有些求职者还发誓要穿职业装，即使在家也是如此，因为这会让他们觉得更加专业，巩固他们并不是"失业"，而是正在忙于这份新的求职工作的感觉。

然而当基思·哈特曼谈到他不能再"整天盯着电脑"时，他指的并不仅仅是条理性和活动方面的需要，他是在阐发自己对最佳求职方法的构想。如前文所述，求职者在失业期间会感受到一种战胜抑郁和绝望的迫切需要。最重要的是，他们会感受到一种对工作的迫切需要，而他们最初的做法几乎是一致的。

在休了一个月的假之后，基思认为公司肯定不会雇用他了，于是在2001年1月2日又开始找起了工作。

　　我在网上找到了一个职位，然后给对方发了简历，不到4个小时，那家公司就给我打了电话。我心想，哟呵，这也不难啊。结果他们没有录用我，自那以后我就没再收到过一份工作邀请。从1月到4月，4个月的时间，我每天都在上网，不停搜索，但没人回应我。有人也会给我打电话，说想和我深入谈谈，然后我就再也联系不上他们了。这是最奇怪的。我真搞不懂。

　　对基思这种刚失业的科技工作者来说，上招聘网站是个顺理成章的起点，他们自然会利用高科技手段来解决失业问题。诞生于20世纪90年代初的在线求职搜索引擎带来了一个独特的机遇，让人们可以快速轻松地接触到数百万潜在的雇主。这些网站被吹捧成了一种在劳资间"创造公平竞争环境"的工具，让双方在做出薪酬和就业决策时能够获取外部的市场信息。[14]你只需将简历放到网上，网站就能给你营造出一种精通科技的应聘者形象，让潜在雇主对你另眼相看。由于巨兽求职网（Monster.com）和热门工作网（HotJobs.com）这样的网站日渐普及——2004年，每天有400万美国人在网上求职，（但是）在线就业市场的吸引力开始明显减弱，其将用户打造成科技先行者的能力也大幅下降了。[15]

（到2009年，提交纸质简历而不是用电子邮件发送简历已经成了"可笑的老一套，至少在某些圈子里是这样"，而能证明个人科技技能的门槛已经从在线提交简历提高到了加入社交网站、管理博客甚至避免使用"过时的"电子邮件等。[16]）

即便是基思这种精通科技的求职者，也很快就被网上求职的体验搅得心灰意冷。这并不奇怪，因为一些研究发现只有不到10%的人真正通过网络找到了工作。[17]求职者最初还会因为找到了几十个（哪怕没有几百个）适合自己技能和兴趣的职位而兴奋不已，可一旦发现用电子邮件发出去的大批简历都石沉大海后，这种兴奋劲儿也就迅速消退了。我在第二章提到过一位不显年纪的求职者——38岁的彼得·杜蒙德，他就谈到了自己对这种经历的感受。

> 我愁得都快把头发扯掉了，非常失落，因为等了很长时间都没人回复我。我的意思是，伙计，至少出于礼貌回一句吧。我都通过网站给一个招聘广告投了简历了。我原来做工程师的时候，对方会给我寄张卡片，按惯例会写上："感谢您提交的简历，我们正在审核。"这也算是致谢。［这14个月来］只有4张电子卡片和2张纸质卡片，对我投递简历表示了感谢。我心想，伙计，只用谢我一句就行。我知道你们做得到，这也费不了你们多大工夫。

对科技业专业人士来说，网上求职最让人受挫之处就是缺乏回应和谢意。求职者都把招聘网站比作"黑洞",他们认为什么回应都比轻蔑的沉默要强,哪怕是负面的回应都行。一位求职者表示他宁愿收到这么一封邮件,写着"没工作给你,蠢货。我们永远永远不会聘用你",也不希望对方全无回应。不回应的伤害性极大,因为这会让职业生涯管理者对劳资地位的信念变得岌岌可危。若公司方对应聘者没有最起码的专业对待,那他们就推翻了求职者所持的那种个人和公司在职业竞技场上处于平等地位的观念。每个求职者可能会把自己看成一家"一人公司"的首席执行官,但IBM的首席执行官可不会如此看待每个应聘者,甚至公司人力资源部最初级的员工都不会这么看,他们收到了求职者费尽心思做出来的简历,却连一封"多谢,好意我们心领了"的电子邮件都懒得发。

74　　求职者虽然十分失落,但也知道公司没有回应很大的一个原因就是有大批应聘者在申请网上发布的职位。对于大多数雇主来说,遍览所有收到的简历都是不可能的,更不用说逐一致谢了。更重要的问题在于为何招聘网站对雇主的助益最后会远远大于对员工的助益,公司可以接触到数以万计的合格候选人,而且除了少数在职位技能和薪资要求方面完全匹配的应聘者外,他们还可以毫无负担地无视其他所有人。

　　凭经验摸清了招聘网站的运行原理之后,大多数求职者采用了一些耍弄在线职位搜索系统的策略。例如,大多数公司会用筛选程序对收到的简历进行分类。匹配的简历通常会按先后顺序呈递到雇主面前,最近提交的简历就排在第一位,所以有些求职者每天都会重新提交简历,以让简历的排名更靠前。(值得注意的是,在线交友服务的用户也会耍这种花招,以便让自己的个人资料始终处于潜在伴侣搜索列表的顶端。)根据职位和理想人选的差别,筛选程序还可以设置成通过特定关键词来搜索简历,比如"MBA""C++程序员""医疗保健"等。求职者简历上的关键词越多,他们在公司备选名单上的位置就越靠前;关键词不足,应聘信息就会被删除。我见过的一些求职者就坦承他们会在简历各处加入一些关键词,哪怕这些词并不能反映他们的职业经历。举例来说,一名求职者若知道一家招聘公司想招一个有计算机科学博士学位的应聘者,他可能就会加上一句"准备攻读计算机科学博士学位",这样公司的搜索程序就会把他的简历列为匹配者。求职者认为自己的巧思即便被发现,简历也已经被真实的人看到了,这就能让他们远远领先于那些简历被筛掉的竞争对手。流水线上的工人都会开发和交流"诀窍",至少要对自己的工作有些许掌控力,并将自己打造成具有特殊技能的拔群之人。[18]这些求职者也是一样,他们会自豪地分享各种招数,好借此来打败他们眼中那个给自己和招聘公司添堵的系统。

求职者会为适应不断变化的雇主偏好而修改简历,这表明21世纪的求职者需要进行复杂的印象管理①。求职个体应该为每一

---

① 印象管理,又称印象整饰,是指人们试图掌控他人对自己所形成的印象的过程。

位受众调整他们的自我呈现方式，不断以细微却重要的方式重新定位自身及其工作。大约在十年前，为了向招聘公司展示自己，求职者需要准备一套优质的正装，去金考快印店①里复印一大摞一模一样的简历。得益于文字处理和在线交流技术的进步，21世纪初的求职者已经可以根据每个潜在雇主的具体需求和优先事项来修改自己的简历了。在我的研究中，大多数求职者至少有三份不同的简历，每份简历针对不同的职位，他们会把这些简历当作模板然后为某个特定的职位做进一步修订。（例如，一名有管理经验的程序员可能会有一份简历是强调她在编程工作上的专业技能，第二份面向管理职位，第三份则显示自己是一名待聘的独立咨询顾问）。这些调整为自我呈现提供了更大的灵活性，潜在地拓宽了有可能被人纳入考量的工作种类。如欧文·戈夫曼在其名作《日常生活中的自我呈现》中所说，这种持续的印象管理使得一种可以轻松适应不同境况的"多面向"自我取代了恒定的自我意识。这种不断地适应给求职者增加了一个新的负担，对他们来说，自我呈现的工作现在已经无休无止了。[19]

比如恩里克·比瓦尔就不胜其烦，尽管朋友、MBA班的同学、猎头、其他求职者和妻子给了他无数的简历修改意见和反馈，但他还是担心简历中的瑕疵会妨碍他获得面试的机会。

---

① 金考快印（Kinko's）是一家以印务为主要业务的连锁公司，总部设在达拉斯。

我不得不重写简历。我差不多写好了，但又觉得没那么亮眼。同时我还在找一些约聘工之类的工作。好多朋友都说："你一直干的是建筑工程，要不你干脆给我发一份建筑方面的简历看看？"所以我又得弄一份建筑业简历。我可以以三个不同的领域为中心。一个是IT，一个是建筑工程，一个是拉丁美洲的商业开发。所以我必须搞出三个类型的简历，这花了我不少时间。

六个月后，我们又谈了一次，恩里克觉得他的简历还需要修改。

这有点像播种，你得等着玉米长大。现在我播了好多种子……但还没看到我努力工作的成果，这种辛勤劳动的果实。重要的是，我不知道原因，大概是因为我的简历不管用。我去了［他拿到MBA学位的大学］就业中心，他们检查了一下，然后我又给其他人看了看，他们说很烂，然后我重写了一遍，又给一个人看了看，他也说很烂。我是说我找了好些人来帮我重写。除了雇一个专业人士来给我写简历之外，我已经在这上头想尽了所有办法。每次我把它拿给别人看，对方都会说烂。我认为这件事简直像是艺术。有人喜欢，有人就会说"这是坨垃圾"。所以我也不知道。到了这个份上，这多少还是会打击我对自己写作能力的信心。我很

> 失落，这真是一片沼泽，事后回想起来，我觉得我本该去雇个人，花350～400美元，让内行人来搞定我的简历，然后就不会有这些破事儿了。[20]

虽然恩里克理智上能认识到不可能有什么"完美"的简历，但他没法忽略一种挥之不去的感觉，那就是如果有这么一份简历，那他几个月前就可以找到工作了。求职者对求职过程几乎没有掌控力，所以很容易为那些自己可以或至少相信自己可以掌控的细节而苦恼。

另一位求职者也讲了一段和名片有关的类似经历。按这些科技工作者的说法，一张最新的名片就是求职的必备用品，在以前工作时用过的名片背面草草写个新电话号码可行不通。那些没用最新名片的人常会被其他求职者贬斥为不专业或缺乏准备的人。和简历一样，求职者往往会带上一大摞名片，这些名片上的头衔或信息略有不同，通常是在复印店或用联网打印机以很低的成本打印而成。交换和评论别人的名片在求职者看来就是一种仪式，这是我刚开始做田野调查的时候才知道的，当时我身上就带了些自制的名片，还觉得相当专业。结果很多求职者收下我的名片后就热心地给我介绍了一个特别的网站，在那上面只要付一笔运费就能买到250张名片。这类网站会提供各种各样的名片款式、字体和图形，这又给求职者创造了一个机会，好让他们苦苦思索该如何在纸面上展现出最好的自己。有一天，我跟一个见过几次面的男人聊天，他给我递了张名片。我没要，我说他已经给过我了，但他坚持要给，尽管这一张名片上的联系方式和第一张完全一样。那张名片的左上角有个很大的球形，他把新名片上的球形从红色改成了绿色，还认真解释了一番，说这么做是因为他有点怀疑那个红球会让人想起红灯，也许会妨碍潜在雇主下意识地联系他。通过改变这个球的颜色，他希望能给雇主开一个聘用他的"绿灯"。

求职者对自我呈现的持续关注和忧虑，能够反映出他们已经如此深入地内化了一种感觉，即他们就是自己这家"一人公司"的营销部门。[21] 他们会从容地将自己的简历和名片称为"营销材料"，还把自己说成是用来向潜在客户展示的"技能包"。[22] 我在很多求职者的聚会上都目睹过一些相似的怪诞场景。会议厅（或是小会议室，或是大礼堂）前方的演讲者会跟那些来自各行各业的听众说："如果你们当中有做销售的，请举手。"举手的人寥寥无几。演讲者随后就会呵斥这群人："这个房间里的每个人都应该把手举起来。你们都是做销售的，你们卖的就是自己。" 有一群失业的科技工作者还曾尝试在易趣（eBay）上拍卖自己，进而把这个逻辑发挥到了极致。[23] 对简历和名片展开的激烈讨论揭示了一点，即从事持续的自我营销工作需要付出大量的情绪劳动，尤其在没有买方的情况下更是如此。[24] 对求职者而言，这种态度是否会造成心理负担是无关紧要的。就像职业生涯管理的其他方面一样，他们认为这是在劳动力市场上审视和表现自己唯一合理有效的方式。

　　求职者如何营销自己的问题让我回想起了基思·哈特曼的形象：坐在电脑前，被网上求职的经历搅得格外孤独而消沉。保持忙碌状态，按有偿工作的节奏来安排生活，这有助于增强求职者的成就感和参与感，缓解抑郁和失落情绪，但他们最终想要的还是少一点失业的体验。对这一代科技工作者来说，就业和失业的界限可能变得更加模糊了，但并没有完全消失。基思或许能靠自己的业务赚钱；菲尔可能会说自己失业了，但同时还在为初创企业提供每周20小时的咨询服务；门牌上可能写着"爸爸在工作"。最终，哪怕求职者再怎么舌灿莲花，他们还是在想方设法地寻找收益更高、更稳定的工作，有没有实现这一目标依然是他们在衡量求职这一工作上的终极标准。然而，实现这一目标的道路往往是漫长的，求职者行走在这条道路上时，还会发现一些没那么绝对的衡量自身价值的准绳。

第四章

失业期间的仪式

79 科技工作者常会把他们不断演变的求职路径形容为一种走出黑暗并迈向光明的进程。闭门不出，夜以继日地在网上搜索，寸步不离电脑屏幕，如此苦熬数月后，大多数求职者会有意识地去尝试些别的办法。在朋友、同事和求职专家的敦促下，他们终于关掉了电脑，开始交际，走出家门，步入白昼。

"交际（networking）"这个词可以涵盖五花八门的活动，首先就是指传统上那种跟亲疏各异的熟人之间的交流。大多数科技工作者在失业后为求职做的第一件事就是联络他们现有的私人和职场人脉，这件事甚至会排在上网求职之前。恩里克·比瓦尔在被解雇的第二天，就给朋友和同事们发了封电子邮件。

80 *我联系了一堆朋友。就说，嘿，你知道吧，我被炒了。实际上我……给整个［MBA班的］小组群发了一封电邮，说我不［在那家公司］上班了，发邮件的话就［直接发］到我个人邮箱吧。然后我一个小时就接了17个电话。"噢，太可惜了。我能帮上什么忙吗？"所以我觉得我的MBA小组给了我很大的支持。*

被裁员后群发电子邮件多少有点像是科技工作者的习惯。

通常只要一听到被裁员的消息,求职者下班回家后就会给通讯录上的所有人发一条信息,包括朋友、家人、现任和前任的业务伙伴,把自己的最新情况告诉他们,请他们更新自己的联系方式,简单说明一下自己在找哪类工作,询问对方有没有可用的门路或熟人。过往的研究表明,失业白领向熟人求助时都会觉得不大自在,无论专业人士还是其他人都是如此。[1]而对这些科技工作者来说,失业的羞耻感已有所减弱,加上电子邮件这种不太私人化的媒介,使得他们更容易一口气把这个消息群发出去,而不必勉强打几十个很可能非常尴尬的电话。求职者还相信一点,即尽可能多地让别人了解自己的困境,好让他们帮忙留意适合自己的空缺岗位,这是找到新工作最有效的方式,而且也有研究支持这种看法。

社会心理学家斯坦利·米尔格兰姆(Stanley Milgram)做过一项很著名的实验,实验中的受试者会心甘情愿地对其他研究对象施以在他们看来足以致命的电击,即使那些研究对象(实际上是演员)尖叫求饶也无济于事。[2]1967年,也就是这个声名狼藉的实验结束六年后,米尔格兰姆又展开了一项极为不同的研究,这次的道具是连锁信①,而非模拟电击。在研究过程中,他声称世界上任何两个人都能通过一条平均只有六个人的熟人关系链连

---

① 连锁信是一种试图让收件人复制一定数量的副本并转发给一定数量的收件人的信件。

接起来。[3]后来有人证明了米尔格兰姆的研究在概念和方法上都存在严重缺陷，但"六度分离"这个概念还是在流行文化中留存了下来，比如威尔·史密斯出演的一部同名电影。《凯文·贝肯的六度》（The Six Degrees of Kevin Bacon）也以此为模型（这个游戏的目标是让任何一个演员经由不超过六个、曾两两出演过同一部电影的演员跟凯文·贝肯连接起来），这一概念也成为后续社交网络研究的基础。

1973年，社会学家马克·格兰诺维特（Mark Granovetter）通过一项谬误较小的研究重申了人脉的力量，他研究了一些能够让专业人士、技术工作者和管理人员获得新职位的互动方式，最后得出结论：社交在连接人和工作方面至关重要。[4]（格兰诺维特没有使用"交际"这个术语，这个词直到20世纪80年代才普及开来）。他的发现沉重打击了当时流行的一种观点，那就是经济和社会领域正变得越来越独立，所以社交在经济过程中发挥的作用会越来越微不足道，比如为人们找工作就属于这类。随后的研究支持了格兰诺维特的结论，统计数字略有不同，但大多数数据都表明80%~95%的工作是通过交际找到的。[5]讽刺的是，就连《互联网搜索指南》（Guide to Internet Searching）也建议求职者："你求职的最佳途径就是交际。"[6]

格兰诺维特还推翻了另一个流行的假设，他发现和某个个体存在强关系的人虽更有可能提供帮助，但与这一个体只存在弱关系的人（"偶尔"或"很少"见面的人）最有可能提供有助于他找到新工作的信息，因为处于强关系中的人可能都身处同一个圈子，所获的信息也就大同小异。两个人关系越亲近，他们帮对方找到工作的可能性就越小，这一违反直觉的发现对求职者有多方面的影响。首先，它表明那些在过往工作中需要短暂接触很多人的人——比如流动性很强的科技工作者，比那些只跟少数联系人有密切个人关系的人更容易找到工作。其次，它证明了求职者对另一种交际形式的依赖是合理的，这种交际的目的就是利用弱关系的力量，其根源可以追溯至早期政府为帮助失业者所做的努力。

美国自1907年开始提供就业服务。这些计划原本是美国移民归化局负责统筹的，仅针对新移民，此后由新成立的劳工部在1913年接手，服务对象（在后来的美国就业服务局的主持下）扩展到了普通失业者和正在求职的民众。[7]这类计划的侧重点往往是无技能或技能不熟练的人群以及蓝领工人。二战后，各方努力将就业服务的对象扩展到了求职中的专业人士，但公共就业服务从未获得专业求职者的青睐。[8]专业人士和白领更看重的平台是求职俱乐部，其源头似乎是1939年成立的"40+俱乐部"（Forty Plus Club），这是一家总部设在纽约的非营利性协作组织，专门帮助高管、经理人和40岁以上的专业人士完成职业过渡。[9]这些俱乐部的服务效率受到人们的高度称赞（人们发现求职俱乐部可将求职者成功再就业的概率提高整整15个百分点[10]），随着白领失业的现象日趋普遍，求职俱乐部的数量在20世纪80年代开始激增。有些俱乐部会将重点缩小到失业民众中的一部分，只服务于特定的行业（科技、银行、医疗保健）、工作职能（营销、销售、会计）或某个人口统计意义上的群体（女性、印度裔美国人、创业者）。尽管求职俱乐部在形式和重点上有所不同，但它们通常会为失业的经理人提供职业咨询服务、办公空间、使用电脑和通信设备的权利，以及与现任和前任会员交际的机会。

求职俱乐部这一模式的最后一个构成——与其他会员交际，是最具争议性的。自"大萧条"以来，失业问题的研究者对求职者喜欢与其他失业人群联络的做法大都不以为然，他们认为这种偏好虽有心理宽慰的作用，但最终不会有任何成效。按照人们的推测，有工作的人比失业者更有能力提供求职帮助。[11] 求职俱乐部颠覆了这一推测，其立论基础是求职者可以靠相互支持、分享门路和建议来帮助他人找到工作。与格兰诺维特的模型不同的是，这种有组织的交际形式并不是要利用现有关系，而是要刻意地结交包括很多失业者在内的新的联系人，以此来扩展个人的人脉，提升自己找到工作的概率。

到了2001年，美国的任何一个大城市都已有数百项支持和帮助求职者的活动可供科技业求职者挑选。虽然这些团体大体都遵循着求职俱乐部的模式，但随着家庭办公室、个人电脑、手机在美国中产阶级的普及，求职者对求职俱乐部过去提供的物理空间和技术资源的需求也日趋减少。少数组织仍会提供这些服务，但大多组织已将重点缩小到了提供职业生涯和求职方面的建议以及交际机会之上。求职俱乐部一词的式微也反映出了这一新趋势，这个词如今大多已被交际小组或交际活动取代，不过这些小组或活动也会提供除交际以外的服务，比如职业生涯咨询、简历修改、励志演讲、与招聘方联系的机会以及行业趋势讲座等。

　　达拉斯的交际活动有一小部分是由市或郡政府举办的，还有一小部分是由小型营利性企业或职业服务公司开展的。与早年间的传统一样，科技工作者往往对政府举办的活动不屑一顾，觉得层次太低，因为这些活动提供的资源主要是薪资最低的工种。（我在第五章会讲到，科技业求职者有时也会接受这样的工作，但找这些工作很少需要政府帮忙。）求职者对那些要收取可观的会员费或活动费的交际和求职活动也一样嗤之以鼻，因为它们大都超出了求职者的价格承受范围。芭芭拉·艾伦瑞克在扮作白领求职者时就见识过收费600美元的求职训练营、一小时200美元的职业生涯教练、250美元的"形象管理"改造和100美元的简历修改服务。[12] 更重要的是，和我交谈过的科技业求职者都怀疑这些昂贵的项目所提供的服务和他们在当地的非营利性活动和组织中享受的服务并没什么明显差别，而后者却是免费或几乎免费的。

　　仅达拉斯一地就有数百项求职和交际活动，其中很多都是为了应对20世纪80年代中期（银行业和房地产业）和90年代初（计算机业）的衰退而出现的。有些组织是专门为帮助求职者而成立的，另一些组织则是不情愿地进入这个市场的。在20世纪90年代后半期，高科技行业的交际活动（通常由职业协会发起）就是科技通的社交空间，为雄心勃勃的创业者和热切的风险投资人牵线搭桥，以及从竞争企业那里挖掘新人。[13] 无论名义上是酒吧聚会还是系列讲座，交际活动都成了高科技行业招聘与交易体系的中心。随着这类市场转入南方，失业的高科技工作者把这些聚会当成助推求职的天然场所也就不足为奇了。有些团体对此是持反对态度的，实际上他们提高了入场费，以阻止求职者的大量涌入，据说是因为求职者不间断的自我推销和求门问路吓跑了在职的参与者。另一些组织则与时俱进，把那些曾经为风险投资人和初创企业做媒的活动改成了每周或每月一次的交际活动或高科技招聘会，以改换活动主题的方式来满足目前大多已失业的参与者的需求。

然而达拉斯最流行的交际活动既不是由职业协会主办的，也不是由"40+俱乐部"这样的营利性组织开展的，而是由当地教会发起的。宗教机构给失业者提供帮助，这无论在经济上还是精神上都毫不稀奇。斯蒂芬·曼格姆（Stephen Mangum）在1982年发表了一篇求职类的文献综述，指出不少商业求职类著述的作者往往会公开宣扬宗教信仰，而且大多同时强调上帝的旨意、对人类善性的人道主义承诺和有意义的工作的内在价值。[14] 教会在维护本地社会服务的基础建设方面一直发挥着核心作用，这是一个传统，自里根政府将社会和医疗服务的管理职责授予州和地方政府，以及1996年通过福利改革法案以来，其作用更为凸显。[15] 在高失业率时期，教会为失业者提供的服务似乎就是这一作用的自然延伸。到2002年，约有四分之一的美国教会发起了求职项目，这一趋势一直延续到了最近的经济衰退期。[16]

在有些社区，由教会来提供职业交际机会的想法可能不大正统，但在达拉斯，教会和求职的结合完全不会引发人们的质疑。得克萨斯州的教堂和会众数量在全美名列前茅，在我展开调研之时，95%以上的得克萨斯州人坦承自己有某种宗教信仰。[17]（只有达拉斯市民的消费主义才能与其宗教信仰相匹敌，有传闻说达拉斯的教堂和购物中心按人均数量来算，比美国任何一个城市都要多。[18]）近年来，达拉斯涌现出了一大批拥有数万会众的新教"巨型教堂"，其圣堂的座位数量堪比某些足球场的座位数量，使得"在得克萨斯州就是越大越好"这句俗语又得到了进一步印证。[19]凭借着海量的会众、充裕的资金，以及一大群有意愿和能力的志愿者，这些自带学校、健身设施、舞厅式礼堂和餐厅级后厨的大型教会所提供的服务如今已远超精神范畴，且开始涉足运动队、救济站和教育演讲等领域，当然，也包括求职和交际活动。

在形式和功能上，教会主办的交际活动和世俗组织发起的活动并没有太大差别。这些活动虽在教堂举行，但信奉任何宗教或无宗教信仰的求职者都可以参加，主办方通常只会在一段简短、不涉及宗派的结束祷告中偶尔公开提及宗教主题。和大多数达拉斯人一样，我调研的大多数科技业求职者本身就是教堂的常客，所以这些团体的宗教信仰并不会让他们觉得讶异或不适。我稍后就会讲到，有些求职者会把上帝和宗教看成是他们求职过程中的必备要素，甚至可指引其求职方向的价值体系。至于不信教的人，或是与某个特定的教会或宗教无关的人，都直接忽略了他们是在会众（有时就是字面意义的教堂长椅①）之间展开交际。除了直接质疑宗教主题的活动之外，我很少听到有人反对在业内活动中插入一些宣教的内容。在少数几个案例中（其中有些与会者本身就是教堂常客），让他们心烦的也不是对宗教信仰的表达，而是有限的会议时间被用在了次要的活动上，花在祷告上的时间占用了交际的时间。

虽然我见过的求职者几乎每周甚或每天都会参加多场交际活动，但有些团体相对更受欢迎，它们激励了不少忠实的与会者，让他们周复一周、月复一月甚至年复一年地来参加活动。科技网（TechNet.com）就是其中之一，这个团体专为软件相关行业的求职者举办每周例会。和很多活动一样，科技网会给求职者提供建议、激励和人脉，然而科技网最终在求职者的生活中扮演了一个更加重要而复杂的角色，不但强化了他们在职业上的自我意象，而且巩固了他们的一种特定观念，即这种自我意象应该保持一种乐观的个人主义姿态。

---

① "pew"一词意为教堂长椅，但也有教会会众之意。

＊＊＊

2002年春天，一个周一的清晨，八点差一刻，郊区一座教堂的大型停车场就停满了各种轿车和卡车。与会者每月只有缴纳10美元的会费才能参加这种每周一次的活动，他们鱼贯而入，陆续坐到了椅子上，这些塑料或金属材质的椅子分布在一些小桌子周围，把原本空荡荡的会议厅塞得满满当当。很多人都端着一个或白或绿的咖啡杯，这间教堂方圆10英里（约16公里）内有9家星巴克，而他们手中的咖啡应该就是从这些星巴克店里买的。科技网虽大体上对软件和编程相关领域中的所有年龄和层次的求职者开放，但40多名与会者大多是30～60岁之间的白人男性，这大致也能反映出达拉斯的交际活动和整个高科技领域中的人口统计数据。在大多数活动中，女性和少数族裔——拉美裔和亚裔美国人，以及最难得一见的非裔美国人都属于少数群体，但他们很引人注目，女性占比约为20%，少数族裔占比在15%左右。（专门针对女性或少数族裔的活动是个中特例，达拉斯不乏前一类活动，而且往往能吸引各个年龄段的女性，但后一类寥寥无几，最常见的是面向印度裔美国人的活动。）尽管这两类人数不多，而且研究表明包括女性在内的少数群体在交际中都处于劣势[20]，但没有一个达拉斯的求职者自称在有组织的交际活动中遭受过性别歧视或种族歧视，尽管有些人确实认为他们受到过招聘企业的这类歧视。在科技网，几乎所有会员都有本科学历，三分之二的成员拥有硕士学位,其专业通常与计算机或工商管理学有关。

有些首次参会的人会独自坐着,刻意而专注地读着报纸、查看手机短信,或者翻找文件夹或公文包。不过大多数会员很快就会凑成两三人或更多人的小组一起闲聊,以此了解这一周的活动。达拉斯的高科技交际圈不大,但人员交际很密集。这里每周都会举办大量的交际和求职活动,但大家往往会在同一个圈子里兜兜转转。如果你在一次活动中见到了某人,那么在这个小组的另一次会议或是其他小组的类似会议上,你很可能还会遇到对方。在这些圈子里,口碑是一股强大的力量。交际者喜欢把他们最偏爱的活动介绍给自己遇到的求职者,很多交际活动会流传当地其他活动的消息。比如有些人在这周同时参加过失业软件工程师的酒吧聚会,到了下周,他们很可能还会在有关高科技创业的早餐讲座上不期而遇。这一趋势在这种特殊团体中格外明显,因为每次会议大家都会获得一份日程表,上面列明当地即将举办的科技和求职方面的活动,这使得某次活动的与会者更有可能在以后的活动中相遇。

8点刚过,这个小组的志愿者组长威尔·埃里克森就用几句轻松的开场白宣布会议开始。在与会者鱼贯而入时,威尔就已经用马克笔在一块白板上写满了后续的活动日程,有一些是出自他准备的一份清单,另一些则是他在这周的日常工作中听来的。这周的可选活动包括每周都要通知的六项常规活动(以免新会员不了解这些)、四场招聘会、一场科技工作者的酒吧聚会、一场免费的财务规划会议（威尔说："要是你还没关注过自己的财务状况，那今天就得重视起来啦。"），以及信息技术专业人员协会（AITP）的专业会议。该协会的活动在达拉斯的一家酒店举行，被誉为"本地最好的活动之一"，但其中包括一顿30美元的晚餐。很少有求职者愿意或有能力支付这么高的费用，但一名与会者透露了他逃掉这笔费用的诀窍。他会去参加餐前的交际活动，然后在大堂里一直等到晚餐结束后再回来参加这场活动的招聘会环节（求职者在这个环节可以直接见到招聘企业的代表以及猎头，偶尔也有职业咨询公司的代表来推广其服务）。威尔对此人的机灵劲儿大加赞赏，建议其他人也学学这种省钱的办法，然后就转入了当天早上的下一个流程。

我第一次留意到威尔是在2001年的初秋，当时我刚开始参加那些针对高科技行业及其工作群体的活动。威尔是个年近50岁的白人，中等身材，身形有些单薄，戴着一副金属框眼镜，留着一头棕灰相间的短发。在那次活动上，他穿着一条平整的宽松长裤和一件保守的条纹纽扣衬衫，脚上是一双干净但有些破旧的棕色乐福鞋，没打领带，他在此后的每次活动上都是这副打扮。要不是威尔长得酷似我大学时的一个朋友，我可能根本都不会留意到他。有些人本是过来交际的，但结果还是会害羞地徘徊在房间边缘，等着别人跟自己搭话，跟他们比起来，威尔在这群人里显得尤其放松。他浑身都散发着安逸和自信的感觉，这些人里显然有不少都是他的熟人，包括定于上午举办的那场达拉斯–沃思堡地区风投基金现状专题讨论会的主讲人。那天早上我和威尔并没有正式见面，但到了下周，我又先后在两场活动上看到了他，一场是三家本地科技协会主办的交际早餐会，一场是让科技通们随意交流的酒吧聚会。后来我俩又参加了同一场活动，那次威尔和我碰面时只是相互点头致意，但还没有正式结识。最后，在一场清晨举办的有关生物科技前景的讲座上，我走过去跟他打了个招呼。

威尔告诉我，他大约是在一年前被达拉斯的一家大型电子与航空公司解雇了，他在那儿辛苦工作了20多年，一路晋升到高级管理岗，快50岁了才经历自己人生中的第一次失业。

> 我［在那家公司］干了22年，所以总觉得自己会在那儿干到退休。我本打算到55岁就退的。今年我就要50岁了。过去六七年我会说："嗯，看来我可以在这儿退休了。"我在这方面还有点自满。我刚进职场的时候可没抱这种希望，就这么按部就班地过来了。

意外被裁和迄今无果的求职经历促使威尔放弃了他以前对就业所抱的期望——那种本质上就是"组织人"才有的期望，转而接受了职业生涯管理的模式，即认为所有工作都是临时性的，所有员工都是约聘工。

这次找工作让我确信了一点，所有雇佣关系都是暂时的……我也开始相信那些说我们都是临时工的专家了，你应该把自己当成一个约聘工。观察商业环境在怎样变化，这很有意思。因为我觉得这个环境正在改变。有些行业的变化可能比其他行业还要大。我可以看出公司将来都会保留一个很小很小的像传家宝一样的核心，你也可以说是秘密武器吧。我们都在它周围，核心外的所有人都只是约聘工。有些是短期的，有些是长期的，但都是约聘的。他们要是用不着你的某个特殊技能，或者觉得你过时了，就会用其他人替代你。我能看出这个苗头，将来都会往这条路上走。我说不好是什么时候。但我能预见到这种情况。

然而威尔并没有用这种调整后的思考方式来考虑自己的就业问题。他被解雇后出现了一连串的负面情绪，现在他认为自己一直都在以一种执迷不悟的无效方式找工作。

［自从我被解雇以来］我差不多把所有情绪都体验了一遍，你也可以说这是个正常的悲痛过程吧。没想到我接下来还体验到了某种怀疑和震惊。然后就是一顿瞎忙，还觉得我做的都是对的，肯定能重整旗鼓。直到参加了一些研讨会，我才真正了解了求职的过程，不然我可能至今都一无所知。

在威尔看来，治疗自己"无知"的良方出现在他开始找工作后的一个月里，当时有个失业的朋友把他这个虔诚的基督徒带到了本地一家大教会的职业过渡部。（对我这个研究者来说，有时真是很难捋清达拉斯及其周边的各种由教会主办的职业规划项目，当时这些项目还包括职业关怀、职业联络、职业解决方案和职业延展服务。）在那次活动上，他听说了一个为期12周的免费的系列研讨会，主讲人很受达拉斯求职者的欢迎，为人风趣、精力充沛，会给正处于求职阶段的人提供"建议、激励和人脉"，就是在其中一次研讨会的活动上，同桌的一个人向威尔提到了科技网。

尽管威尔并不擅长交际，用他的话说就是"这大体要靠一种天生的技巧，我对这方面确实不太在行，不过我在努力"，但他还是很快就受邀做了科技网的负责人，并且把这个机会视为神启。

好吧，上帝总会召唤我两次，这样我就知道这真的是我需要去做的事。去年9月左右就有人邀请我来负责这个小组。我推辞了。但后来一直负责这个小组的［那位女士］发现，她因为自己的求职问题受到了这群人的冷落。这个小组已经成了她求职的障碍。所以就问我能不能接手，就在那时候，我知道我得接受了。

上帝"召唤了他两次"，这当然是威尔决定来负责这个小组的一个重要动力，但也并不是他愿意担负这个角色的唯一原因。

> 我自称是负责人，好吧，我要是不站出来负责，那肯定没法真正展现这种能力。我明白这个小组需要一个愿意负责的人。很有意思。过去也有几个人自称是负责人，但又并不是真的愿意接受这个挑战……再说一次，负责人就是要想着怎么帮助别人。我觉得这样才能证明我们不是只知道伸手的人。我们要通过找些实惠的办法来帮别人找工作……看到有人找到工作，我都高兴得不得了。作为协调人，至少我是最先看到有人找到工作的人之一。看到有人找到工作的时候，我会很激动……这一方面是因为我意识到工作会有的。它会在正确的时间出现。我有个非常坚定的信念，只要时机对了就能找到工作。另一方面我也在试着不断地付出。我发现我付出得越多，就越少会把精力放在自己的住所和与之相关的一些事情上。所以我会尽力去帮其他求职者。能负责这个焦点小组①，帮他们专注于目标，我感到非常荣幸。要是发现他们不够专注，我就会说："你得专注一点。"你也听到过，我有时对他们很苛刻。我会说："你想找份工作？那

---

① 焦点小组，也称小组访谈，是社会学研究中常用的研究方法。一般会由一个访谈者主持，采用预先设定部分访谈问题的方式与一组受访者交流。

你最好想清楚，因为［要是你自己都不上心的话］我们也帮不了你。"有时有些人需要一对一的辅导，可能是简历的问题，也可能就是想弄清楚他们该往哪个方向走，或是想找个参谋。我很乐意偶尔帮帮这种忙。我也想靠帮别人来摆脱抑郁情绪。而且这办法多多少少管点用吧。

如这段引文所述，威尔愿意牵头负责这个小组是出于多重交叠的动机。他能借此帮助他人，特别是刚出来交际的人，这是出于基督教信仰赋予他的使命。除此之外，他还收获了一个好处，那就是可以让他抵御偶尔出现的抑郁和疑虑情绪，帮自己挺过难关，直到新工作在"正确的时间"出现。作为科技网的志愿协调人，威尔还可以证明自己的领导才华，展现他的管理和组织才能，并且有可能最终借此获得新的行政职位。此外，作为一名前任高管，在交际小组中拥有职权也使得威尔能够重塑他在企业界曾经拥有过的地位。

尽管大部分求职者都不是高管（多为中层主管），但高管和资深主管在活动负责人、简历审核者和身负职权的其他志愿者中占比极高，这表明这些人更倾向于担任那些与其职场身份相似的角色。这一事实并不妨碍这些志愿者为其他求职者提供真正有用的指导和帮助，然而这也确实有助于解释一点，即高阶专业人士不但有一种善意的温情，而且在这些活动中得到了一些好处。在交际小组中拥有职权，可以让高阶的专业人士展示和磨炼自己的管理技能，并使自己保持一种作为能够切实担责的重要领导者的感觉。

威尔在科技网的职权为他提供了一个平台，让他可以传播自己一直强调的一个理念，即交际对求职成功来说十分重要，他担心这是很多新求职者没有认识到的。

> 我老听说［人们］只在网上找工作。我觉得他们没搞明白。嗯，交际很难，不自在，我可以理解，因为我跟大家一样讨厌交际……我觉得他们不了解交际是怎么回事、有什么好处。

在每周一的会议上，威尔大部分时间都在努力让这个偶尔有些难以管理的小组专注于求职事务，然而就连他也意识到，这个小组为参与者提供了一些跟求职无关的好处。

> ［像科技网这样的小组］有很大的好处，想出这个主意的人是很有远见的。其中一点就是它可以让你在一个团体中接触一些志同道合的人，虽然可能找不到什么工作门路，但你至少会获得同道的支持。这个小组可以提供很多支持……如果有人有问题，他们可以直接把问题抛给小组，然后就会得到一个答复。他们是能得到答复的。这里还能给你充电打气，不管你是星期几来参加小组活动都一样。我们过去经常

在星期二下午集会，我能感觉到自己的能量在星期二下午就直往外涌。现在我们改在星期一早上集会，我也能感觉到星期一早上那种爆棚的能量。至少我个人是这样。我相信其他人的体会也差不多。这个小组确实就像个支持小组和交际小组的融合体。

如威尔所说，这种小组提供的信息和求职支持与这一社群及其给予参与者的情感支持无缝地交织在了一起。某些求职者持续来参会的主要原因（即便不是唯一原因）就是为了获得情感上的支持，而不在于求职建议或交际机会，威尔要是知道这一点可能难免失望。

在私下里，很多长期的参会者都承认自己不大相信或很难找到这种小组能帮他们找到工作的证明。虽然他们并没当着组员或负责人的面这么说，但还是会质疑科技网的核心假设，即其他求职者有能力向他们提供就业门路。例如，基思·哈特曼就发现交际活动是"一种大杂烩"。

我发现我打算参加的大多数交际活动都有别的失业者参加……从一开始我就注意到了这点，但一直觉得哪怕是没工作的人也可以给我提供些路子。我就在想，别人老说："谁知道会怎么样，去找他们就行了，直接去找他们。"所以我也是死马当作活马医。到了年底，我就在想，什么叫荒唐？

一遍遍地做一样的事情，还指望有什么不同的结果？所以从今年年初开始，我就下了狠劲，要把更多精力放在这个求职群体之外……我还是得出门，但不参加那种让我觉得半数人都是在求职的失业者的活动了。

与基思不同的是，大多数求职者即便认为这些小组无助于求职，也会继续来参加活动，他们坦承自己很享受小组中的同道情谊，还发现这些会议虽实效不大，却有激励作用。求职者在坚持个人主义原则的同时，也相互寻求着精神支持和对他们共同身份的肯定，这方面很少会让他们失望。

有些找到工作的人实际上很想念交际小组那种团结互助的感觉。20多岁的卢克·赫尔格森是个讲求实际的工程师，他在网上谋得了一份新工作，尽管每周的交际活动并没有帮他找到工作，但入职一年之后，他说自己非常想念这个小组，这让我吃了一惊："交际对交朋友非常非常有利……我真的很怀念那些周一早上和我一起去聚会的人。我当然不会为这种事走极端［他开玩笑地提到要辞掉工作，然后回到交际小组］，但我确实很怀念那些每周都会见面的人。"卢克的评论以及其他像他一样的人的经历颠覆了人们一贯的假设，即一个人失业时就会脱离其职业社群，而在重新就业时则会归入一个新的职业社群。在今天这个短期的、基于合同的职场中，在工作间隙建立的关系甚至有可能比在工作中培养的关系更加重要而持久。

在某种程度上，科技网的每一次会议都在充分利用参与者之间互惠的同道关系，并在此过程中不断巩固这种关系。列出这周的日程安排之后，威尔就请参会者们向小组提些具体的问题，说出一些需要别人给建议的状况，或是他们在求职过程中遇到的阻碍。一个身着条纹装的大块头白发男人喊道："我上周搞定了个大问题，上周末我送女儿出嫁了。"一阵热烈的掌声之后，一个40多岁、话不太多的金发女人开了口，她说最近被一个没想好怎么回答的面试问题给难住了。她向小组求助："他们问我'过去这几个月里，你在干什么？'时我该怎么答？"好多与会者都发了言，建议她强调自己的交际活动、参与过的业内活动、做过的志愿活动、上过的课程或拿到的技能证书。威尔补充了一句，说他面试时曾提到自己在当地一家帮助初创企业起步的风投公司做过无偿工作，结果"获得了好评"。一位年纪较大、扎着马尾辫的男程序员在厅内后方大声建议道："把你干过的所有能表明你很专注并且能掌控局面的事情都告诉他们。"

另一名与会者问道，根据小布什政府签署的2002年《增加就业和援助雇工法案》（*Job Creation and Worker Assistance Act*），该怎么申请刚开始发放的13周延长失业救济金。几个人讨论一番后很快就达成了共识：提交在线申请要比忍受在当地失业办公室排长队惬意得多。

随后一名年轻的印度裔程序员也提了个问题，他问小组中是否有人曾被潜在雇主要求参加Java水平测验（Java是一种计算机编程语言）。在一阵七嘴八舌的答复中，求职者证实了他们都参加过类似的测验。有很多提供测验服务的公司会为招聘企业安排这类考试，自诩能评估求职者的技能、知识、个性等，求职者显然对这些都嗤之以鼻。[21] 精神头很足但有点邋遢的软件研发工程师米格尔大声说道："这些玩意儿都烂透了，全是错的。他们给你提的问题都是错的，连答案也是错的。他们根本就是在断章取义。"很多与会者表示赞同，还为各种措辞蹩脚的问题和被标记为正确但明显错了的答案提供了不少可笑的例证（至少对其他程序员来说很可笑）。与会者会讥讽试卷的出题者，认为他们十分愚蠢，缺乏实践经验，于是借此共享了一段快乐时光，既夸赞并再次确认了自己的技能，也嘲笑了那些拒不聘用他们的公司。一开始提出这个问题的年轻程序员提示说："我听到的情况是，对于我们这些技术人员来说，他们不在乎你是谁，他们只想让你把问题答得十全十美。"就在大家纷纷点头称是的时候，威尔说道："所以你们必须按要求回答那些问错了的问题。"接着又是一轮附和之声。他接着说："我知道你们怎么想的，'我是个讲究严谨的人，这太蠢了。'但该做就得做。"接下来他便要求志愿者去收集自己遭遇过的各种典型问题，并把它们发到小组的在线讨论版上。包括米格尔在内的少数几名与会者表示同意展开在线讨论。随后，一场简短的辩论会就开始了，争论的焦点是向招聘经理指出测验中的错误是否值得。小组成员在这件事上有两种意见：一些人担心对方会觉得自己的方式有些粗鲁或过于直接；

另一些人则认为招聘经理也许会这么想："嘿，这个家伙不仅分数过关，而且懂的比测验内容还多！"

辩论会临近尾声时，威尔提醒大家注意："在咱们开始自我介绍环节之前，我要告诉大家，有四个我认识的人在上个星期成功找到工作了。"他接着便念出了这四名前参与者的名字，三男一女，两个在达拉斯，一个在休斯敦以南四个小时车程的地方，一个"找遍了全国"，最后在阿肯色州找到了工作。在这四人缺席的情况下，小组成员们还是用欢呼声、口哨声和热烈的掌声向他们表示了祝贺。

此时威尔已经为小组的介绍环节做好了准备，在时长一小时的聚会里，这项活动每次都要耗费大部分时间。威尔指着室内前方的一个画架解释了一番，说是为照顾新成员，每个与会者都要介绍自己或发布自己的"广告"，"广告"这个词再次肯定了将求职者定性为公司或物件而非劳动者的趋向。这些规定时长在30~60秒之间的自我推销话术有时也被称为"电梯演讲"，旨在简练地传达一个人的基本职业履历和求职目标。就像简历和名片一样，求职者也需要为不同的受众量身定制多个版本的"广告"。在科技网，标准的广告被列在一本硕大的便签簿上，其中包括：姓名、头衔和工作职能、目标公司、地区偏好以及本周的一条喜讯。威尔强调，所有与会者都要把这些方面讲全，说明自己曾担任的职位、做过的具体工作，目前正在研究哪些公司或者想去哪些公司就职，希望在何地工作（包括能接受多远的通勤距离、是否有搬迁的打算、可能迁至何处），以及过去一周遇到的一些好事。威尔解释说，把你正在找的工作描述得全面一些，这能让其他与会者更容易给你提供有用的联系人、线索和建议。

介绍环节从首次与会的人开始，依序展开，直到每个成员介绍完自己结束。

> 我是一名软件测试员，正在寻找达拉斯的全职或约聘职位。我的好消息是我认为市场正在好转。我在这周找了好多门路，比过去三四个星期加起来的还多得多。［白人男性，45岁左右］

> 我是一名软件工程师，专长是COBOL（面向商业的通用编程语言）。我正在达拉斯北部找活儿。令我感到高兴的事儿就是这个交际小组让我把注意力重新明确地放到求职上来了。这儿有好多好消息。［白人男性，50岁出头］

> 我是一名网页设计与开发人员。我想留在达拉斯或者普莱诺附近，因为我老公在这边上班，现在家里只有他在工作。我的好消息是惠普的合并①就要完成了，这样我老公就能保住工作了。［白人女性，年近50岁］

---

① 指惠普和康柏的合并。

我是做主机计算的，希望能在微软全国广播公司（MSNBC）找到些门路。上周我碰到了不少好事儿。我［在另一场交际活动上］见了一个招聘人员，还有，威尔大刀阔斧地把我的简历修改了一番［冲威尔笑了笑］，看起来好多了。［白人男性，年近50岁］

我是个电脑清道夫，就是维修系统的。南方卫理公会大学（SMU）是我这周的目标之一。在这所大学上班可以自由选该校的课。如果我是他们的电脑清道夫，就可以选修任何课程了，这样我就能边上班边上课。这对我来说可能是最好的职业道路，但我已经申请了那儿的一个IT职位。我的好消息？我加入了陪审团［笑］。［白人男性，40岁出头］

我做Java编程。我肯定不会局限于电信业，因为现在电信业相当不景气。我放了个春假，所以有很多时间陪老婆和孩子。［亚裔男性，35岁左右］

我是一名有十年工作经验的软件工程师。我本来想留在达拉斯，但现在准备搬家了。我在这儿住了很长时间，现在打算搬走了。我的好消息是，虽然已经失业一段时间了，但加入这个小组真让我精神了不少。［白人男性，年近40岁］

我是一名商业分析师，过去在摩根大通工作，我也做主机计算。我的目标是灰狗长途巴士公司（Greyhound），至于我的地区偏好嘛，没有。只要有这个必要，我的家人愿意搬到任何地方。这周的喜讯是，今天一大早，我收到了一个朋友的邮件，他把我的简历投给了底特律的一家公司，所以就祈祷吧。［白人男性，55岁左右］

我是一名软件开发人员，工作了17年。我已经在本地做了5年的网站开发，正考虑去拿些［新］证书。好消息是我在垒球比赛里打出了我的第一个本垒打，这花了我49年的时间［全场掌声］。［白人男性，年近50岁］

大家就这样轮番发言。有些"广告"会引人发笑，另一些则会引来同情的叹息。威尔经常提醒发言者，让他们确定目标公司，以便缩小求职范围，但大多数人依然会跳过"广告"这个部分。参与者偶尔还会用某个联络人的名字或一条信息来回应别人的"广告"（比如哀叹一家目标公司刚刚停止招人了，或者业内的某家公司刚刚公布了一个新的空缺岗位）。在这种时候，提供门路的人都显得格外兴奋。尽管威尔经常劝大家把这些信息留到会议最后的非正式交际时间再提，但在下一个人介绍自己之前，有门路的人往往还是会当场脱口而出。大家提供的信息通常都可以很方便地用邮件发送，或者当面交流，不少求职者也确实会这么做，而且当着一屋子见证者的面亲口提供线索的快感是不可否认的，如果这能让一位求职者在公开场合显得既乐善好施又"熟悉内情"，那就更不必说了。（虽然科技网不会这么做，但有些小组会在活动中留出一段时间，让各人公布自己获知的新线索，哪怕这些线索在会议结束后就马上于网上或会议厅里发布。其中一个小组甚至记录了每个成员给小组提供了多少条消息，并在每月月底为"获胜者"颁奖。）

和大多数交际活动一样，科技网的模式也是建立在这样一个信念之上的：求职者不仅可以彼此帮忙找到工作，而且也愿意这么做。已经有人注意到了一个不乏讽刺意味的现象，那就是职业生涯管理者引以为豪的自主性严重依赖于他们的伙伴。[22] 只有通过合作，搭建和分享个人的人脉，打造一个由联络人和信息构成的庞大的集体关系网，才能让参与小组活动的每个成员从中受益。因此，大家相信那些帮助他人求职的人最终也会从业报和实用的层面上受益。比如威尔和基思，他们的自我感受就因为帮助了其他求职者而大有好转。但凡一个求职者找到了新工作，他都会有一种强烈的愿望和动机，那就是把其他的求职伙伴引介到自己的新东家，这既是基于感激，也是因为他更容易接触到大批有技能的应聘者。

不过交际的互惠性比这种实用模式所暗示的还要复杂一点。共享线索、宣传即将举办的活动和招聘会，这实际上使科技网的个人成员在此类活动中面临的竞争加剧，至少他会为这些伙伴和小组的整体利益而压制了自己的短期利益。大多数求职者不会私藏各种门路和信息，反而会抓住每一个机会来传达相关信息或有用的人脉。一群笃信个人主义和劳动力市场的人对互助性和利他主义竟有如此吊诡的热情，这支持了一种观点，即社群可以建立在共同的个人主义原则之上，而不会受到这种原则的威胁。[23]同时这还可以凸显出科技网和其他交际小组在多大程度上给求职者提供了多强的服务功能，而其中有一些与求职几乎毫无关系。

科技网这种高度仪式化的体系为求职者提供了充分的机会，让他们可以公开重温和维护自己的职业认同。如上文所说，一旦身负职权，像威尔这样的高管就能在一个标榜平等的小组中重新确立公司的等级制。此外，在问答环节，有经验的求职者也会公开表示自己是高科技产业、劳动力市场和求职过程方面的专家。不过科技网在重新确立求职者职业认同上的关键作用，还是在反复排练过的"广告"演说中表现得最为明显。交际者每周都要朗诵自己的"广告"，其目的不仅是向别人展现自己的能力和目标，毕竟他们中的大多数人几个月以来每周都能听到同一个求职者发表同样的声明，也是为了巩固求职者的自我认知——我是专业人士。每则"广告"都是在没有有偿职位或正式头衔的情况下彰显职业认同的机会，比如资深电信业高管、Java程序员或项目经理。[24]这些科技工作者在自我描述中还列出了工作职能（信息架构、数据库管理）、各种证书（项目管理专业人员证书、微软认证的信息技术专业人员证书）和编程语言（COBOL、Java、

C++），这些内容对外行来说意义不大，但对于一群技术专家来说，他们所宣示的地位显然是以专业知识和行业经验为依托的。用克利福德·格尔茨的话来说，这些口头"广告"及其书面形式的简历和名片，就是求职者讲给自己的故事，而交际活动则是维护其身份认同的每周仪式，让他们可以向那些无法离席的支持性受众重温和复述这些故事。[25]

在（会议）结构、参会者的人口统计数据和平淡的氛围方面，科技网的会议与美国企业界每日例行的那种团队会议和研讨会如出一辙，这本身就很耐人寻味。人类学家琳达·莱恩（Linda Layne）曾提出，依照退休仪式来制定"失业仪式"或许能缓解失业导致的羞耻感和孤立感。[26]莱恩说得没错，支持性仪式可以大幅缓解失业带来的压力和孤立感。如布罗尼斯拉夫·马林诺夫斯基（Bronislaw Malinowski）[①]所言，可预测性和例行公事能让人感到安心，这也可以解释科技网的会议为何要遵循如此僵化、一成不变的结构。[27]然而莱恩在提议将退休派对当成这类仪式的模板时忽视了一点：失业者并不想体验退休的感觉，而是想体验受聘的感觉。[28]他们选择效仿的是商业礼仪，在每周的仪式性"广告"中不断强调的正是自己的业界身份。

每周一次的"广告"朗诵并不总是按计划进行。有时这种

[①]　布罗尼斯拉夫·马林诺夫斯基，波兰裔英国人类学家，现代人类学的奠基人之一。

"广告"也会得到更广泛的回应，引得大家粗略地讨论起某家目标公司的前景，或者通过某项认证的思维逻辑，又或是某个领域的就业形势。每当出现这种离题的情况时，威尔通常会打断大家，把组员们拉回正轨，让下一个人继续介绍自己。例如一个周一的上午，最具挑衅性的一段自我介绍及其引发的回应，揭示了科技网在强化特定意识形态和否定其他非主流世界观方面所起的作用。

马林诺夫斯基不但发现仪式能安抚人心，还指出仪式能强化那些被社会所认可的态度，维护社会的团结。[29] 在科技网内，发挥这个功能的就是每个人在"广告"末尾必须一提的"本周喜讯"。如上所述，求职者的喜讯既可以是职业方面的（"我参加了一次面试"），也可以是私人方面的（"我打出了一个本垒打"），这两种都能获得组员们的热情道贺和掌声。不过偶尔也会有求职者不认为这一周有什么喜讯，亚裔美国人马丁就是这样，他35岁左右，长相英俊，发型一丝不乱，穿着一身利落的牛津布衬衫，轮到他发言的时候，他就从一张棕色的复合板桌子旁站起身，以一种满腹无奈的语气说道：

我已经失业六个月了。我有两个孩子，老婆没工作。我和几千人一起被［一家大型电信公司］裁了。之前好几个月我都在陪家人，这太漫长了。我宅在家的时候很容易抑郁。我［两个月前］参加了两场面试，从那以后就再没面试过。

情况越来越糟。我看不到一丝隧道尽头的光亮。我知道这日子总会有个头，就是不知道这隧道有多长。我得养家糊口。我找了猎头公司，还到处交际。我的存款还够六个月的开销，但我面试的次数都达不到正常该有的平均水平。[科技网的成员普遍认为每月面试一次是个过得去的平均水平。]上个月没有，这个月也没有。

马丁说完就准备落座。威尔提醒他，他还没提到这周的喜讯。"我想……"马丁说这话的时候还没坐下来，一只胳膊仍撑着桌面，"我想我这周没什么喜讯。"威尔当即反驳道："你肯定有。"其他组员也给了马丁一些正面的提示。"我敢肯定你这周遇到过好事，只不过你现在想不起来了。"彼得·杜蒙德用勉励的语气说道。"你还是已婚的，对吧？你说你有老婆，她还在你身边，这就是好事。"一个身材魁梧的白人男子在大厅另一头喊道。"你跟我们在一起，这就是个好事。"坐在马丁旁边的女人补了一句，还满怀期待地看着他。"嘿，下周肯定要比这周好，对吧？"米格尔在后面笑道。"明白了吧？"威尔说，"这都是跟你看事情的角度有关的。等会儿来找我，咱们想个办法让你的求职状态重回正轨。"随后下一个人就开始朗诵自己的"广告"了。

没有人承认马丁的感受是正常合理的，那天在场的很多求职者跟我谈到这种令人深陷绝望与抑郁的时刻，但他们都将自己显而易见的苦楚掩饰起来，为符合小组的规范而修改了自己的简介。[30]这些组员并不是不同情马丁，有人会后就把自己的名片给了他，有人自愿帮他修改简历，还有人给他推荐了一些认为他可能会感兴趣的公司和联系人。威尔将科技网定位为一个支持性小组，这并没有错，也算不上过于理想化。求职者甚至会在私下的谈话中讨论裁员和失业过程中最残酷也最私人的那些方面——抑郁、灰心、窘迫、财务危机、婚姻不和，无论在活动的非正式交际环节还是小组外的讨论中都是如此（有些组员不但会在各种活动中碰头，还会在其他的社交场合见面）。

　　大家对这种明显反常的"广告"的回应既揭示了这个社群的意识形态边界，也表明了会议中的这一表述环节给与会者带来了仪式意义。科技网以公司会议为模板，遵循职业生涯管理的诸种信条，对个人和未来的发展都无比乐观、信心十足。消极、自怜或无节制的情绪都有可能侵蚀这些基础。马丁对这种既定仪式的拒斥让我们在倏忽间瞥见了其中的机制，揭示了维持优秀求职者或永远积极的职业生涯管理者这一身份认同所要付出的情绪劳动。这种劳动其实很类似于不稳定就业环境中的雇员所必须付出的劳动。

　　　　对那些在公司里担任较低职务的管理者和专业人士来说，他们近来在面对一些显而易见却难以启齿的约束时，就会用大量情绪劳动来表现自己的自主性，以及坚韧而有担当的进取心……不过就像过去一样，在现实生活中，这些雇员也完全能把自己塑造成截然不同的模样——相对无力的被动者，遭受着强大力量的猛烈打击，无法掌控自己的命运，或者说自身难保。[31]

不同之处在于，求职者是为了彼此而表演这种身份认同，而不是为了潜在的雇主。其他人会指责求职俱乐部强迫参与者接受"一种一致的观点，比如经济出了什么问题，以及人们如何能够独立地战胜结构和体制转型造成的问题"。[32]科技网当然也有这种个体能动性优先于集体回应的倾向。参与者虽会分享线索、建议和满堂的笑声，但他们从未提议共同努力改变当前劳动力市场的格局，也没有对他们在其中的地位表示抗议。在一次会议上，有人建议成立职业工会，希望以此来应对广泛的失业现状，但组员们很快就排除了这种可能性，还以开玩笑的方式表示："我们都知道如今工会干得有多好。"求职者们对全球化的讨论也是如此（见第二章），疲软的劳动力市场和长期稳定工作岗位的缺失在他们看来都是自然的、不可避免的状况，而不是有可能通过集体行动来改变或反对的某些政治或社会发展轨迹的结果。有不少组织会抵制集体行动的合法性，并有意让求职者向下流动，但与这些饱受批评的组织不同，科技网的运营者并非带薪顾问，他们本身就是求职者。此外，很多没有参与组织性交际的求职者也会用同样的品牌和营销话术来描述自己的求职经历，他们表现出的个人主义、乐观主义以及对市场的信心与顽固的网络工作者并无二致。

　　持有或传播这种世界观的并不只有科技网这样的小组。他们奉行的这类观念和态度在大学课堂、报刊专栏和那些讲述老鼠找奶酪的自助类畅销书里屡见不鲜。这类小组就是一个微观世界，宏大的文化规范和边界都被集纳于其间，以造福那些尚未靠自己去触及它们的人，或是希望在由同类人组成的共识社群[①]中再次获得肯定的人。如果这些小组的负责人在传播这类价值观时有些咄咄逼人，那并不是因为他们想把自己的指示强加于人，而是真心相信这是帮助对方的最佳方式。

　　在马丁未报喜讯的那次会议的三个月之后，威尔给组员们发了一封邮件。

　　收件人：科技网邮件名单
　　日期：2002年6月14日　周三
　　主题：找到工作

朋友们，
　　我还以为我永远都写不了这封信了，但在失业13个月后，我终于找到工作了！

---

　　① 共识社群，也称理念村，是一种具有高度社会凝聚力的社群，其成员通常持有相同的信念和价值观，遵循同样的生活方式。

我要感谢你们当中每一个在过去几个月里鼓励过我的人，有些人还深挖人脉，帮我找了些目标公司的联系人，我非常感谢你们。我现在的职务是高级系统工程师，主管一项提案工作。这是［跟一家航空工程公司签的］一份三个月的约聘工作。我的联系人是科技网的一个前组员，他差不多两个月前在那儿入职了。

我已经把我在焦点小组的联合主持人的职务交给了一个好人，在求职路上，他会全心全意地为你们每个人加油打气。詹姆斯·奥哈拉已准备尽全力帮助你们。他的邮箱是［×××］，电话是［×××］。我希望你们也能帮助他。

我们所有人的目标都一样，就是尽快找到有意义的工作。

花一点时间帮助你的同伴。不要因为找到工作了就不再交际，要继续帮助你身边的人。你永远不知道这个小小的举动在将来会变成怎样的福气。只要我能帮上忙，请随时跟我联系。同时也请把你找到工作的时间和地点告诉我——我想了解你的最新动向，在那个好日子跟你一起庆祝。

威尔·埃里克森

第五章

靠妻子养家的男人

103 　　在探讨求职者面临的挑战时，迄今为止我关注的主要是情感和职业上的困境，但失业的科技工作者也承受着非常现实的物质考验。[1]在我见过的求职者中，很少有人存在失去住房或者无法养家糊口的风险，但大多数人都不得不大幅改变以往的生活方式。例如，在恩里克·比瓦尔失业当天，他和妻子安娜就开始缩减经济开支了。

　　我被炒掉的那天就想着，好吧，我能削减点啥呢？我能把哪块开支给砍了？就比如，行，把有线电视停了吧。家里的网络能停吗？不行，我还得上网。车和手机嘛，把我老婆的手机停了。汽水不喝了，馆子也不下了。诸如此类习以为常的东西。干活就是为了这些东西，有这些本是理所当然，但现在它们都没了。本来我存了1.4万美元，准备给安娜买辆新车。本来是这么打算的。但现在我把这1.4万美元都花

104 完了，还开始跟家里人借钱了。因为，嗯，从10月份［我被裁员］到现在已经有四个半月了……我们差不多有5万美元的存款。我的个人退休账户（IRA）和401k计划[①]加起来有

---

① 401k计划始于20世纪80年代初的美国，是一种由雇员和雇主共同缴费的完全基金式养老保险制度。

将近4万美元。我不想动那些钱。我宁愿跟朋友和家人借，因为家人不会跟我收利息。情况就是这样了，所以经济上的问题我并不怕。我知道我的家人和她的家人都会给我们很多支持。

在恩里克失业一年多后，为了弥补开支，安娜决定重返职场，五年前女儿玛雅出生时，她辞掉了销售经理的职务，如今又到一家童装店找了份每周工作30个小时左右的兼职。靠着恩里克的失业救济金和安娜7.5美元的时薪，他们足以支付月供和部分月度开支。

比瓦尔夫妇能承受恩里克收入上的损失，很大程度上要归功于他们所处的特权阶层和受教育程度，我的调研中的大多数求职者在这方面和他们是一样的。除一名求职者外，其他人都拥有学士学位；有些人还拥有工程、物理、计算机科学和工商管理等专业的高等学历。他们被裁前的年收入为4万～10万美元，少数前高管的收入明显高于其他人。这些求职者在中上阶层的地位十分稳固，可以动用低收入阶层很少能获得的经济和职业资源。大多数人有足够的储蓄来支撑他们度过几个月的失业期，而且能有信贷额度可用，尽管做此选择有风险。[2]与恩里克一样，很多人还可以依赖亲友的借款。相较于前几代中产求职者，这些科技工作者更有可能找个人借钱，部分原因可能是在经济衰退和普遍裁员的大背景之下，这些人及其亲属都不会觉得失业是个需要向亲友隐瞒的难堪的秘密。[3]

八个月后,恩里克仍在寻找高科技领域的职位,同时也在力求以更有创意的办法进一步削减家庭预算。

我们搞过几次车库大甩卖。我们再也没下馆子了,完全没有。我想我们有两三个月都没出去吃过饭了。家里有很多维修的活儿都得拖着。像玛雅房间的百叶窗就坏了,上面贴了一大块胶带,若是以前很容易就修上了。还有像保养汽车的事儿也推迟了。我知道我这辆车得换机油了,但我准备再开3000公里再说……还有啥?这很有意思,因为你会开始怀疑有些东西是不是必需的,比如大卫的牙科预约时间就要到了,我说:"好吧,多少钱?"〔安娜〕说在120~150美元之间。嗯?我们能不能再推迟一两个月?这对他的牙真有什么影响吗?……我什么都没给自己买过。就比如说,我会怀疑是不是真的有必要去温迪①餐厅吃顿饭。那4美元我有可能在别的地方用得着。就4美元啊,要放过去它就是,"呃"〔他耸耸肩,仿佛是说他以前根本不会在这种事上费脑筋〕……哦,还有基督教青年会(YMCA)。我们向基督教青年会申请了经济援助。所以,我是说我不再跟家里人要钱了,但信用卡账单又还不上了,三个月以后家里人还是开

---

① 温迪(Wendy's),美国快餐连锁品牌。

始帮我们了，这是我们最不想做的选择。

到这时，安娜已经又找了一份工作，每周在一间小诊所做几个小时的前台。在失业救济金用完之后（即使布什把救济期限延长了13周），恩里克也在一家高档家具店找了份卸货的兼职，凌晨5点轮班。"这就是个零活儿，"他说着抬了抬手，又耸耸肩，"能让我走出家门，让我脑子清醒点儿，让我觉得自己是在做一些有价值的事。"

随着假日季的临近，恩里克希望能在这家店多干几个小时，同时他每周还要去一家成人教育中心教几个晚上的西班牙语。与恩里克和安娜以前的工作相比，凌晨卸货和在商场站柜台是薪资和地位的明显下滑。这种下滑在达拉斯的求职者中十分常见，其中不少人都在自己的专业领域之外找了这种低薪工作，包括舀冰淇淋、给药店上货、销售家电、端盘子和送花。2002年和2003年的广播和报刊报道记录了全国各地一系列的类似案例——拥有工商管理硕士学位的电信工程师在给美国邮政服务公司打工，互联网天才在盖璞（GAP）卖卡其裤，常春藤名校生在开叉车。[4]这些报道中有的满怀同情，有的语带讥讽，但几乎没有一篇承认这些失业的科技工作者都幸运地找到了很多美国人可望而不可即的工作。科技工作者的社会经济阶层、高学历和职业经验起到了巩固社会资本的作用，让他们能相对容易地找到工作，尽管薪资和地位比以前的要低，但还是能让他们维持一种降低了规格却绝对还是中产阶级的生活。

求职者们会把这些工作称为"临时的"工作，大多数人都打算在找到高科技领域的全职工作、高薪的约聘工作或兼职之后就马上辞职。求职者并没有把这些工作当成他们长期向下流动或沦为较低职业阶层的证明，男性尤其如此，他们反而会为自己在尚未找到好工作的情况下"不惜一切代价地"养活自己和家人而感到自豪。有几位还没找过临时工作的男性求职者曾斩钉截铁地表示，真有必要的时候，他们也不会因为愚蠢的自尊心而放弃一份地位低微的工作。暂时的阶层下滑由此就被当成了一种"阳刚的缺点"，与之类似的一个说法是"太爷们儿了，所以不会满足于只跟一个女人在一起。"[5] 就这些男性求职者来说，他们没有把自己在职业阶梯上的下滑解释为男性气概的疲软，反而认为自己就是因为太有担当了，所以才没有拒绝地位低微的工作。我认识一个年轻的软件推销员，他的妻子是家庭主妇，他们有两个孩子。我俩在星巴克喝茶时，他说："如果我非得到购物中心干几个月，如果我非得去内曼·马库斯（Neiman Marcus）[①]或者星巴克上班才能过活，那也没有任何问题。没什么大不了的。我没意见。"（他最后去朋友在购物中心开的一家珠宝店，做起了兼职。一天，有个前同事带着妻子来买珠宝。结果他妻子所在的软件咨询公司正好要找一名新的推销员，她就推荐了这个年轻人，

[①] 内曼·马库斯是美国的一家高端百货商店，2020年已申请破产。

三周后他就拿下了这份全职工作。）通过这种对阶层下滑进行的重构，接受一个薪酬和学历要求在这些求职者眼里或许都"低于自身水准"的职位也就能表明他们是在恪守养家的承诺了。

持家的形式由此也发生了变化。恩里克和安娜不但要同时做四份兼职，还得照看两个年幼的孩子。自从安娜去童装店上班以来，恩里克就承担了照看玛雅和大卫的主要责任。"家庭煮夫"和看护人的新角色让他对在过去五年里一直作为家庭主妇的安娜多了一份体谅。

> 我有个朋友说，你是我认识的唯一一个从干一份全职工作变成干一份没工资的全职工作的人。真是这样，让人沮丧。你懂吧，嗯，我现在理解我老婆了。让我们能同舟共济的一件事就是，差不多是她在养我们，而我一直在照顾孩子，这个活儿可真够难的。我不得已承担了这个担子才知道有多难。因为她跟我抱怨过好多次了。［安娜会说］"噢，你要是过了五点半才回家，那我真的会很难受。白天这最后三个小时对我来说太难熬了。"这一天快要结束的时候，她就会瘫在沙发上，什么也不干。我就说："嘿，你怎么不帮我打扫打扫厨房呢？""我太累了。你怎么不自己干呢？"所以我们为这个吵过好多回，我不懂为什么。现在我懂了。就像今天早上，我走的时候厨房一团乱。对不起，我不在乎。

作者：你喜欢和孩子们在一起吗？

噢，太喜欢了。这世上没什么事能让我改变这点……我弟弟9月份就要当爸爸了，我告诉他，只有当了父亲，你才会明白身为人父的乐趣。其实这是我父亲说过的话。我还是婴儿的时候，他们就弄了个册子。我父母做了本相册，我爸在里头写道："儿子，除非你有了自己的孩子，不然你永远都不会明白做父亲是怎么回事。"当我儿子在1998年9月出生的时候，他把这个册子给了我。我一打开，读到这段话，哭了。我哭了，因为这话说得对，说得对。

这种新安排也有其缺点。恩里克发现自己几乎没有时间继续找工作了，他和安娜的关系也变得紧张起来。

我的时间都花在上班或者照看孩子上了。我没有多少时间去社交。所以我觉得我现在没法把精力放在求职上，因为没这个时间，我不禁在想，现在我怎样才能找到一份好工作呢？……我很沮丧。不只是沮丧，我还很抑郁，于是去见了一个心理医生。她问，你需要用药吗？情况并没严重到需要用药的程度，但我的心情还是时好时坏。我在MBA班上拿到了杰出成就奖，因为我一直保持着积极的心态，我相信自己是个非常积极乐观的人。但现状真的已经到了要把我拖垮的地步。我能做什么呢？嘿，我是不是蠢得都找不到工作了？同时你也会琢磨所有有关的事儿：我的简历够好吗？我自己够好吗？我的话说得够好吗？接下来一年后我要干什么？同时你还会说，好吧，市场最终会回暖的。但是看目前的市场走势，我觉得可能要到明年年底才会回暖。谁知道呢。

恩里克过去会定期参加科技网这样的小组活动，不断修改自己的简历，积极寻找高科技领域的工作，如此才能保持自己作为一名有价值的专业人士的感觉。一旦缺乏跟潜在的招聘公司和同行的互动，想维持这种身份认同就变得艰难。他虽很看重陪伴孩子们的时光，也乐于靠兼职赚钱，但抑郁和自我批评的倾向还是让恩里克备受煎熬，他以前还可以说自己被裁和长期失业的原因在于疲软的经济、互联网崩盘、电信业的低迷和"9·11"事件，但现在他这种把问题归咎于外界的能力也有些捉襟见肘了。

这对夫妇向各自的父母都借了钱，还欠下一大笔信用卡账单，持续的经济问题加剧了他们婚姻中的矛盾，当安娜的母亲过来常住时就更是如此。恩里克说，他这位岳母开始对他指指点点，说他找不着工作，还错怪他是因为太过骄傲、非得担任高管才一无所获，但他表示事实并非如此。更不凑巧的是，恩里克此时正在准备一场考试，只要通过，他就能获得项目管理专业人士的证书，他相信这个证书对他的就业会有很大帮助。

所以就在考试前几天,我压力真的很大……她[他岳母]恰恰就挑了这个不凑巧的时机来跟我过不去,所以我最后就告诉她:"你看,我就是这样。如果你喜欢,很好。如果不喜欢,我们也不是为了搭伙过日子才结婚的,你懂吧,不是我主外她主内。我们是因为爱才结婚的,你要是觉得你女儿过得不如你的意,好吧,随便你,反正门就在那儿。"我没跟她说"门就在那儿",但基本上这个意思我们都懂。我们大吵了一架,扯了半天。然后我就出了门,想找安娜谈谈,结果安娜却站在她妈那边,这真是让我的状况雪上加霜……这也是我们去做心理咨询的原因之一。另一个原因是我们压力都很大。

109　　恩里克的岳母认为他应该为自己的持续失业负责,理由是他为了找一个高管职位而忽略了地位较低的工作,这不仅是在质疑他的男子气概和养家能力(这个话题我稍后再谈),也挑战了他的自我感觉——他就是一个萧条市场中的优秀求职者。尽管他岳母提前回了家,但她的话(以及安娜的态度)还是打击了恩里克的自尊心,也再次表明了外部的肯定对一个人维持一种真切的职业生涯管理者的自我形象起着多么重要的作用,而这种形象在受到挑战时又有多么脆弱。

　　安娜也一样感到精疲力竭,在支持恩里克和表达自己的恐惧与失落之间左右为难。

你知道，这个状况很让人灰心。有天晚上我跟恩里克发泄了一通，说了些过头的话。像什么"我觉得你永远都找不到工作了"之类的。这么说肯定不公平，因为他当然在努力，他受的打击也是无法想象的。这对我来说太可怕了，最要命的就是我们都觉得好像无能为力了。我们找了所有能联系的人。有些人还找了不止一次。一般来说，你要是想去参加个聚会，那你顶多是跟朋友们聊聊天，你不会跟人说："嘿，你能给我们安排个面试吗？"作为妻子，我觉得我好像除了支持他之外就基本不能再有其他情绪了。我连害怕都不行。我不能说："怎么回事？［笑］你怎么还不找份工作？"我的意思是，这么说对他当然不公平，但有时我就是这么想的，可又觉得自己不能这么想。

恩里克和安娜都没有设想过他们的婚姻会是一种全靠丈夫来养家的婚姻。这本是两个受过良好教育的专业人士之间平等的、相互支持的婚姻，只不过其中一人为了家庭自觉地选择放弃了她的主管职位，而且至少在两个孩子长到学龄前是这样。尽管如此，恩里克还是感受到了供养家庭的压力，那位思想传统的岳母的挑剔目光更是让他如芒在背。站在安娜的角度，她想做一个支持和理解丈夫的妻子，但恩里克持续失业带来的经济和社会压力同样让她不堪忍受，她想成为自己心目中的那种理想妻子，但实际的体会和行为又完全不同，裂隙由此而生。

110 安娜曾考虑过回去做全职工作，但这也不是个两全其美的办法。

> 老实说，这就是个二十二条军规①一样的处境。我要是回去做全职工作，我们也会左右为难。我去上班，他就必须待在家看孩子。我要找的工作上下班时间都是朝八晚五，这又是他联系招聘企业的时候……所以我们就这么拖着，然后说，不行，他才是真正需要找工作的人，我不用出去找全职工作……我愿意回去工作，但我的收入潜力明显不如他。他有十年的工作经验，还有一个MBA的学位。［笑］五年前我也有十年的工作经验。所以我的简历上会有一个很长的空档期，这肯定会让我少赚不少……我真的很后悔荒废了这些年，我没有在自己这块业务上与时俱进，不然我也能拿着一份简历跟人说："嘿，你可以聘我，因为我做过这个做过那个，而且我也不是七老八十了。"［笑］因为我现在真是觉得没办法了。我觉得我真是什么也干不了。因为我重返职场的话，能挣到的钱都没法证明这个决定的合理性。再往后情况就更恐怖了。我该什么时候回去？要是他找不到一份好工作，那就有点可怕了。

---

① 典出长篇小说《第二十二条军规》，小说中讲到了一些看似合理但实际无法执行的军规，后来人们便以此来比喻进退两难的窘境。

恩里克处在最低谷的时候，曾担心是自己做的各种决定造成了如今的局面，而安娜也怀疑是自己促成了这种家庭困境。她离开了职场，只因相信这对孩子和自己都是最佳选择。

> 我其实并不打算待在家里照顾我的第一个孩子，不过我在管理岗上工作，我发现我没法兼顾好事业和家庭。我觉得自己像在被牵着走，既认为工作上的事干不好，又觉得是别人在抚养我的孩子。我真的一点都不开心。

然而在恩里克被裁员之前，这一决定大体上还没什么问题，况且对在职母亲的结构性偏见和文化偏见也削弱了她的收入潜力。[6]作为一名专业人士，她感到无助，因为离开职场的这段时间中断了她的职业生涯；作为一名妻子，她同样感到无助，因为她觉得自己无法为恩里克提供无条件的情感支持。

有人认为，尽管困难不少，但恩里克和安娜已经比很多处境类似的夫妇过得要好了，因为安娜最初做出了辞职的决定。《双份收入陷阱：为何中产阶级的父母会走向破产》（*The Two-Income Trap: Why Middle-Class Mothers and Fathers Are Going Broke*）一书的作者认为，夫妻双方都有全职工作的家庭比较缺乏应对失业等状况的准备。[7]一旦出现危机，像比瓦尔夫妇这样的家庭可以选择让持家的一方（通常是妻子）进入职场，以弥补收入缺口。若双方都在工作，家庭就会缺少这种缓冲。此外，为了维持中产阶级的生活方式,大多数双职工家庭的生活水平已经提高到了需要两份收入才能满足基本花销的程度——房贷、车贷、保险、教育开支,在经济比较紧张的时候,这些花销是不可能马上就"砍掉"的。所以"双份收入陷阱"就是指一个家庭一旦开始依赖两份收入,那么经济上的困境就更有可能以破产和丧失抵押品赎回权而告终。

然而,关于双份收入家庭如何影响了失业和长期无业的历程,可以看看达拉斯那些被裁员之前就和配偶组成了双职工家庭的求职者,他们的经历给出了一种更为复杂的解读。在物质层面,在职配偶的收入为很多家庭化解了因失业而造成的经济影响。在文化层面,求职者谈论其婚姻和责任的方式也为家庭和职场内男女两性的性别角色,乃至依赖和自主的性质提供了一个全新视角。最意外的或许是,这种围绕性别、家庭和工作发生的转变似乎对男女两性的求职者产生了截然不同的影响,且进一步动摇了中产男女应对裁员和失业的传统模式。

在达拉斯地区,略过半数的失业科技工作者在丢掉工作时都有在职配偶,这与全国的情况极其一致,在美国,半数以上的家庭中夫妇双方都是全职收入者。[8](这类夫妇通常也被称为"双职工"或"双份收入家庭"。)到底是什么力量推动了双份收入家庭的兴起?这一问题已有详尽的资料可查,不过争议还是相当激烈。不同的说法会强调这个复杂问题的不同方面,但普遍的共识就是生活成本上升的同时,中产已婚女性进入职场的障碍也被破除了，这就造成了一种局面，即大多数美国中产阶级家庭都需要或是宁愿有两份全职收入。就像所有文化现象一样，双职工家庭激增的好坏利弊绝不能以简单的办法来认定。在职配偶及其代表的经济保障的引入，显然给自立的职业生涯管理者模式带来了一定的复杂性。然而，想精准地了解身处双职工家庭的求职者会如何重塑裁员和失业的结构和体验，就需要探究求职者自身的生活经历，以及在职配偶的支持如何融入了他们讲给自己和他人的有关其失业境况的故事之中。

112

***

2004年的一个晴朗的秋日，我在达拉斯东部的一家仓储式二手书店跟艾德·唐纳利一起吃了顿早饭。采访时，艾德已经58岁了，他身材瘦小，蓝眼睛，是一个热情的男子，眼神犀利，敏锐机智，笑声爽朗。两年前，我在科技网的一次会议上遇到了艾德，那是我第一次和他交谈。当时他跟我说他本来在一家大型电信公司升扬（Exalt）做电脑程序员，结果被裁员了。

我是在"9·11"之前的那个周四被裁的，一开始我还没太当回事。我知道电信业出了问题，但我没想到其他市场也都会变得那么惨。我确实没留意到互联网崩盘会对人们产生多大的影响。我估计是没彻底想明白吧。

艾德虽没料到自己会被裁员,但他逐渐开始相信这是一种必然结果。

他们做了他们必须做的事。我要是当时能发觉出了什么事,那肯定会预料到裁员这一天的。但我就只是坐在桌前敲代码,世界就这样在我耳边崩塌了。

艾德认为他的前雇主"有一点点过于贪婪",但他最终还是觉得他们只是互联网业崩盘的众多受害者之一,他们有很多客户公司因此倒闭了。

113   突然之间,升扬收不到支票了,装货码头上摆着一堆他们收回的二手设备。他们环顾四周,然后发现,好吧,他们还是世界上最好的交换机制造商之一,但没人买交换机了。其他所有人都在一条船上。所以他们遇到了严重的财务问题,其他人现在也一样。我并不觉得他们对我不好。实际上我挺过了好几波裁员潮,能坚持这么久我还是挺高兴的。

艾德对升扬没什么怨言还有一个原因,那就是这家公司从一开始就很清楚,他们没有指望员工忠诚。

他们一再地跟我们灌输一件事,通过管理层,通过备忘录，等等。那就是你要忠于自己，而不是升扬。他们是对的。除了你，没有人能像你一样尽全力照顾好你自己。你得自己决定你想要什么，到哪里可以获得。是的，升扬会尽量留住员工，只要他们还需要员工，但你得自己决定自己想要什么……这是当下唯一有意义的观点。过去那种从摇篮到坟墓的就业时代早就消失了。要我说的话，这个时代打从［20世纪］80年代就开始走向死亡了，也可能是90年代初吧，很多人花了好长时间才发现，但等到他们发现的时候，那个时代已经一去不复返了。

作者：你会把自己归为这类人吗？

不会，因为信息技术业从来就不是个从摇篮到坟墓式的行业。但我觉得以信息技术为职业的话，那是会从摇篮走到坟墓的，我想回到摇篮里去！［笑］。

如艾德所言，他若是要把自己的失业归罪给谁，那就是他自己，因为他没有听从升扬的建议，没有欣然接受这种"当下唯一有意义的观点"。在回首过往时，他总觉得自己若是一名更好的职业生涯管理者——不那么满足于留守一处，多多了解行业状况，为工作的迅速更迭做足准备，跟进最新的技术，那么他就可以避免彻底失业。"我没有早点跳出去。严格来说我根本就没跳，是我站立的平台塌下去了。"

这不是艾德第一次失业，在漫长的职业生涯中，他还被辞退过三次，但这是迄今为止最糟糕的一次。在上次被裁之后，艾德失业了一个月左右。"这一次，"他灰心地说，"我连面试的机会都没有。七个月里，只有一个招聘人员面试了我一次。我参加过好几场招聘会，投了很多简历，但我还没跟哪家雇主谈过什么有意义的内容。这也太艰难了。"他把自己求职以及面试的困境都归因为他擅长的那种编程技术缺乏需求。

> 我考虑过再培训。我正在上Java的课，还有诸如此类的东西。我可以想办法更新我的技能。这些人一直说"快刀不用黄锈生"。我还想着要弄几把"快刀"呢。但在这种大环境下，除非你恰好对他们用的工具有几年的操作经验，否则他们才懒得看那些换专业技术的人。实际上我有20多年的经验，在我看这是个了不起的业绩记录，就算是中立的旁观者也会同意这是个非常好的记录，但没用，因为我没有他们想要的特定技能，他们宁愿继续去找那些掌握了这些技能的人。

两年半后我们再次见面时，艾德依然在进行他所谓的"个人再造"，积攒编程领域的新证书。被裁员几个月后，艾德这个资深的园艺爱好者偶然在他光顾了多年的一家小园艺用品店找到了一份兼职。他很享受这份工作，在那儿干了两年，然后又转到了一家电子商城，那里的工作时间更长，薪酬和福利也更好。艾德说这份新工作让他保持住了体型,因为他整天都要在卖场里走来走去,还得经常搬运重型设备。来这儿的顾客常会问些古怪的问题,有时还很有挑战性,他说这能让他的大脑保持运转。话虽如此,艾德还是更愿意做计算机编程,而不是卖电脑,况且他在这儿的薪资比他刚做程序员时要少很多。可目前,他已经不再积极地去寻找编程方面的工作了。

> 我找的时间够长了,基本已经厌倦了人家在我面前"砰"的一声关上门的场景。所以只有看出形势有真正好转的迹象,我才会再认真去找。在这之前,我只能静观其变,因为我没多少精力去不停用头撞墙了。

艾德饱受抑郁症之苦,他得服药,还要去看心理医生。"要能找到一个体面的工作,我可能就不用再看病了,但在那之前,保持积极心态对我来说还真是很难。"他说。他最担心的并不是就业市场不会改善,反倒对此很有信心:"经济会好转的。很多行业都有起色了,但IT业还是有些滞后,达拉斯也是,所以达拉斯的IT业还是一片废墟。"艾德担心的不是经济永远不会复苏,而是这种复苏对他来说可能会来得太迟。"我正在被迅速淘汰,"他说,"如果我不做些什么来翻新自己,做足准备,在招聘方面前表现得与时俱进,那我就要错过这个好转的机会了。我已经58岁了,这个年龄对我很不利。"

艾德对未来怀有极深的恐惧，但他和同为程序员的妻子萨拉还能维持相对稳定的经济状况，这多少缓解了他的恐惧。他们在2002年还清了房贷，这大大减轻了家里的经济负担，靠着萨拉的全职收入和艾德在电子商城挣的钱，日子还能过下去。

经济上，我们还是很不错的。我们的生活一直都相当节俭……我老婆比我晚几个月被裁。她已经找到了一份很不错的工作［全职，但也是约聘工］，所以她基本上就是家里的顶梁柱了，我也在尽力分担各种开销……我跟很多男人不同，我不觉得自己的收入低一点有什么问题。

艾德断定"很多男人"不会赞成让妻子来养家，但这一判断在达拉斯的已婚男性求职者中并不成立。相反，不少人的处境和艾德类似，他们会毫不犹豫地称赞配偶在经济和情感上提供的支持，就像恩里克·比瓦尔一样，他们也认为自己婚姻中最重要的就是理想的伴侣关系。[9]

例如，科技网的小组负责人威尔·埃里克森就曾反复提到他有一个支持自己的在职配偶，他对此表示幸运和感激。他妻子就在威尔以前任职的企业里担任高管，他很清楚她的丰厚薪水极大减轻了他的求职压力。

我很幸运，［我妻子的收入和我们的储蓄］满足了我的物质需求。我看到其他人发觉钱要花完的时候往往会惊慌失措。所以大家得明白,这就是我为什么能有这么多时间,以及可以花这么长时间［来找工作］。只要有需要,我可以想找多久就找多久。不是每个人都能这么自由,我承认这是种奢侈。

威尔的朋友、科技网的组员彼得·杜蒙德也谈到了类似的情况。

经济上、理性上,我都做好了［被裁员的］准备,所以我攒了一大笔储备金。接下来的几个月里我不买贵的东西就行了。有［政府提供的］失业救济金就够了。我老婆还在工作,但我并没觉得不痛快。我这还算强的,我认识的一些人住的是月租两千的公寓,再加上伙食费和车贷,失业救济金就是杯水车薪了。他们非得在一个月内上班不可。但这［很快就重新就业］是不可能的。

虽然彼得预计自己只会有四五个月的失业期,但到第七个月的时候,他也并不着急。他说自己还没达到"统计平均值":当时被裁员的达拉斯科技工作者平均失业时长为14个月。[10] 彼得在此期间做过一些短期的约聘工作,以赚取生活所需,他说:"我很依赖我老婆。但这也是没办法。"

彼得自称在经济上依赖妻子是"没办法",这表明在他看来现状并不理想,而41岁的互联网营销专家克雷格·默里却对自己向"全职煮夫"的转型(虽然是暂时的)感到十分满意。

> 我做了一道超赞的焦糖布丁,今早还做了曲奇。我在家做了很多琼·克莉佛(June Cleaver)①式的事。我夫人很喜欢。又比如说我上周就做了一道牛肋骨。前几天我用巧克力和另外四种碎渣,正儿八经地做了些曲奇,她都带到办公室去了……[失业]不是世界末日。我觉得美国人可能把自我价值和谋生的工作绑得太紧了,这很不好。

克雷格留着一头染黄了的短发,衣着时髦而休闲,戴着新潮的黑框眼镜,多少有点像是当时那种玩世不恭的高科技流派的代言人。他在2002年的头几周丢掉了工作,但他并不意外,因为公司已经进行了好几轮裁员。不过他惯常的高血压当即下降了15个单位,这倒着实让他吃了一惊。克雷格并不确定自己想找哪种工作,但他知道这份工作应该比以前的压力更小,也更有满足感。与此同时——或许从长远来看,他也在追寻职业生涯管理者的理

---

① 琼·克莉佛是1997年电影《反斗小宝贝》(*Leave it to Beaver*)里的一个完美主妇。

想，虽然是他的妻子以更稳定的收入支付了他们的大部分账单，但他也在从事各种短期的自由职业，还不停地操持着家务。

一项研究发现，无业的已婚男性"尽管有空闲时间，但平均只会做37%的家务"。[11] 不过克雷格觉得做家务非常舒服，甚至乐在其中，他在家里干着他所谓的"琼·克莉佛式的事"，道出了一种对家务劳动的性别特质的传统成见，尽管他在日常生活中颠覆了这些成见。显然，克雷格并没有一门心思地想充当男性养家人，甚至没想过要平摊家用，威尔和彼得一样，尽管他们对此并没有这么兴高采烈。在这几个男人当中，只有艾德·唐纳利有一个上大学的儿子，其他人都没有子女，那么父母的身份是否会让求职者更难以放弃稳定收入者的身份呢？这一点值得深究。1997年的一项针对双职工家庭中的性别和养家问题所做的研究发现，无子女且受过高等教育的年轻夫妇比其他夫妇更有可能抱有"共同养家"的理想，在这种家庭中，夫妻双方的工作都不是主要的收入来源，也没有哪方的事业更加重要。[12] 这一发现在一定程度上解释了为何在我的调研中，受过教育的中产阶级科技工作者似乎比其他工作者更乐于依赖配偶的收入。[13] 同时这也引出了一个问题，即父亲的身份是否以及如何影响了男性求职者对于失业和依赖妻子收入的态度。

导言中曾提到过一位把"做你必须做的事"当成口头禅的求职者——亚历克斯·布罗德斯基，他也谈到了自己和妻子汉娜以及女儿艾拉的关系,他称这就是自己应对长期失业带来的挑战和失落感的最大的力量源泉。

> 我没有一蹶不振的关键原因就是我的婚姻。我的婚姻非常稳固,我还有个小孩儿,不管你今天干什么了,或者遇到什么事儿了,你都不能当着这么一个小孩儿的面发脾气。她不在乎你看起来像个笨蛋。她不在乎你今天过得不好。工作一天回来,她一看到你就会跑到你跟前,大叫一声"爸爸",然后你就会把其他所有事都忘了。到三月份我就结婚十年了。这不是我第一次失业……又给[我老婆]添了很大的负担。她一直在支持我。这是我能挺住的关键。她背负了很重的担子,好让我去做我需要做的事儿。也不是说这就弄得[她]彻底失去自我了,没到那份上,她知道我们都在向目标努力。我在出我这份力,她在出她那份力。

他说自己的职责包括料理家务,在艾拉没去托儿所的时候照顾好她,然后晚上去牛排馆上班。

> 理论上,我可以自由地去面试和找工作……或者跟其他求职者见面。但实际情况差不多就是,我得洗衣服,做各种必须做的杂活儿,付账单,把大大小小的家务事都料理好。因为我是唯一有空的人,这些也是我能干的活儿。晚上那个

粉色的"小旋风"会席卷整间屋子,过后我就得打扫。这就是我们的日常了。所以找工作的时间也少了,更多的是清理车库或者干其他的事儿。脏衣服可不能堆起来。

尽管可用于求职的时间变少了,服务生的工作也让人泄气,但亚历克斯和汉娜还是一致决定,不接受他找到的第一份全职科技类工作,还是要等待一个符合他的技能和兴趣的职位。他们达成了共识,在此之前汉娜的教师工资依然会是这个家庭的主要支柱,亚历克斯将保留"第二轮班"①经理的角色,干好家务,看好孩子。[14]

和恩里克一样,亚历克斯也不赞成男人对家庭的主要贡献必须是每个月的工资。他认为自己照顾好了女儿,干好了家务,还做了兼职服务生,这也为家里尽了自己的一份力。所以在他持家育儿的同时,由妻子来充当家中的顶梁柱,这对他而言并无不妥,他觉得这种分工目前还是很有效的。如此一来,在这种被想象成平等伴侣关系的婚姻里,自立的理想就可以被重新定义为"夫妻的自立"了。[15] 在这种情况下,衡量一个人成功与否的标尺就变成了有没有承担自己那份家庭责任,而不是有没有成为一个顶梁柱式的个人。这种在婚姻中分配经济责任和其他职责的架构摒弃了供养者和依赖者这种模式。虽然汉娜挣的钱是家里的主

---

① "第二轮班"出自美国社会学家阿莉·拉塞尔·霍克希尔德的同名著作(中译本名为《职场妈妈不下班》),指的是女性下班后还要操持家务,相当于上"第二轮班",一般是下午5点到晚上10点。

要收入，但亚历克斯并不认为自己是一个依赖者，因为这种定性可能会全方位地削弱他的男子气概。

相较于以往白领失业研究中记载的失业男性的态度，上述男性的经历和态度已经发生了重大转变。例如，米拉·科马罗夫斯基（Mirra Komarovsky）[①]于1940年出版的专著《失业男性及其家庭》（*The Unemployed Man and His Family*）中声称，失业男性"会体验到一种深深的挫败感，因为在他眼里，自己未能履行人生的核心职责，没能通过男子气概的试练——当好养家者的角色"[16]。将近半个世纪后，凯瑟琳·纽曼在1988年也做出了类似的评断：

> 阶层下滑打击了美国中产阶级"男性理想"的核心。如果已婚男人未能完成明确界定其角色的任务，他就会丧失男人的身份。若是再加上妻子外出工作，靠着令人敬佩的努力挽救了危局，男人的反应可能就会是有更加强烈的无力感和愤怒感，直至以家暴告终。[17]

即便到了2002年，社会学家尼古拉斯·汤森（Nicholas Townsend）也认为"男人的声名、对他人的价值及其自我价值的评价标准就是他们作为工作者的身份及其工作收入。没工作的

[①] 米拉·科马罗夫斯基，美国社会学家，性别社会学的先驱。

男人常会被贴上各种标签，比如没用、品德不佳甚至不配做男人"[18]。这些引述表明了一点，20世纪的失业研究一直将失业等同于一场男子气概的危机，认为这会让失业男性陷入抑郁、消沉、自责和自我怀疑的情绪中。汤森的研究也说明了一点，在当代美国，人们依然期望男性取得事业上的成功，并且养家糊口。然而前文中的艾德、克雷格和亚历克斯等求职者所说的话，却让失业具有破坏性并能削弱男子气概这一设定变得复杂了许多。

当然，人们对做一个男人意味着什么的看法一直都是变动不居的。历史学家盖尔·比德曼（Gail Bederman）指出，所谓的男子气概往往只是不断发展的意识形态进程中固有的"持续的矛盾、变化和反复协商"的一部分，社会性别就是经由这一进程才得到了人们的体会和理解。[19]实际上纽曼也断定男子气概的理想在她展开研究时就已经处于变动之中了，就业态势日益不稳，职业女性的人数不断增加，女权运动也赋予了女性独立性，柔化了男人的身段，催生了平等的家庭关系，在这种情势下，男子气概已被严重削弱了。[20]需要明确的是，这种男子气概的模型或相应的女性气质模型绝不会彻底转换成另一种模型，"不应高估现代婚姻中社会性别转变的容易程度"。[21]把男人的成功跟稳定的有偿工作和养家联系到一起，这种男子气概的理想仍然强烈地影响着美国男性对自己的看法，甚至其他人对他的看法。然而稳定的就业模式已变得越来越难以实现，男子气概由此也就被重新定义，纳入了另一些较少以就业为基础的成功标准，养家者理想的首要地位也随之弱化了。我的研究表明，失业的中产阶级男性现在有了另一套男子气概的标准和职业成功的模板，他们可以朝这个方向转型。[22]

我在本书开篇曾引述了亚历克斯的话，他当时还表示过被裁员并且成为临时工，这在一定程度上促使他接受了一种更灵活的职业自我意象，进而又强化了他对自己所充当的无关工作的角色的认同感。

> 我很年轻的时候就开始工作了。和很多人一样，直到后来我才真正明白工作是怎么回事，但也和很多人一样，我的自我形象和谋生的职业是连在一起的。可就我目前的处境来说，我非常确定一点，如果有人在这儿给我拍张快照，我可以看着这张照片说"这不是我的生活"。因为我知道，我虽然是以端盘子为生，但我不是个服务生。我现在主要是从这个角度来看我自己的，我有很多技能和特长，什么事儿都能干，如果要给自己贴个标签，那我更乐意当艾拉的爸爸，而不是信息架构师亚历克斯、项目经理亚历克斯，或者运营经理亚历克斯。这个处境逼着我挣脱了那种自我形象。

亚历克斯的话表明了一点，不断变化的性别规范和家庭结构结合职业生涯管理的意识形态（自我是一种不依赖单一工作的灵活技能包），为一些男性开创了一片文化和心理空间，让他们可以将自身及其贡献与薪水或职衔区分开。

就像职业生涯管理在一种不同的职业成功叙事之内重新定义了失业一样，求职者对婚姻和自立的概念化也重新定义了依赖配偶收入的体验。认为婚姻是一种伴侣关系，男性应该尊重和支持妻子的职业，这种看法连同一个孪生的假设，即在职的中产阶级女性理应乐于承担主要的养家之责——使得失业男性至少暂时地把依赖伴侣的收入重新定义成了自己男子气概的证明，而非挑战。这也让他们能够继续把自己视为独立的"一人公司"，尽管现实是他们大部分的日常花销都是靠别人的劳动收入支付的，他们得依赖别人，无论他们有没有用过"依赖"这个词。因此，艾德·唐纳利并不觉得他对妻子的依赖是自己没有男子气概的表现，而是为自己"和很多男人不同"而感到自豪，他认为那些男人多半很无知，还缺乏安全感，他则对自己的男子气概有十足的把握，所以能心安理得地依赖妻子的收入。艾德将性别平等、婚姻和失业的不可避免性的观点结合到了一起，使得他在失业的同时依然能成为一个独立的男人（在他看来）。

裁员和失业会危及中产阶级男性的男子气概，这一认识往往伴随着一种假设，即失业不会对任何阶层的职业女性造成类似的威胁，人们普遍认为职业女性的身份认同和自我价值感主要是建立在有偿工作范畴之外的情感联结之上。所以人们可能会以为，随着男性不再彻底地把自己的身份认同建立在有偿工作之上，他们对失业的反应也会日益接近女性的体验。然而我的研究发现，

122 虽然失业的中产阶级男性承受的污名和压力看起来正在减轻，但中产阶级女性的情况似乎正好相反。

在公共图书馆的一场求职研讨会上，我第一次见到了娜塔莉·劳森，她当时刚过30岁，是一位热情又迷人的网站主管。娜塔莉后来虽也参加了不少交际和资讯交流活动，但这还是她第一次接触有组织的求职文化，她承认自己有些紧张。几周后，我们在一家星巴克见了面，娜塔莉跟我说到了她第一次涉足网页设计的经历。大学毕业后，娜塔莉外出游历了几年，在各个行业里都做过一些短期工作，包括以舞蹈演员的身份随太阳马戏团（Cirque du Soleil）各处巡演。她最终搬到了父母所在的达拉斯，就在互联网热潮兴起之际，她偶然进入了网页设计行业。网页设计需要将创造力和技术结合，这让她乐此不疲，但她对各家雇主都不满意。在从事了一连串"不错但够不上伟大"的工作后，她最终靠猎头在一家知名的互联网咨询公司找到了一份工作。这家公司每天的工作时间很长，工作内容也很有挑战性，但她和同事间的关系非常密切，企业文化也很活泼有趣。

你刚进那家公司的时候，会经历一个培训期，在这期间，市场总监会单刀直入地告诉大家，尤其是那些刚出校门的毕业生，这家公司有可能会让你们对将来从事的每一份工作都无法忍受。情况还真是这样。我知道一些互联网咨询公司里会有攀岩馆之类的东西，我们公司没有。我们的办公室里有一张旧台球桌，厨房里堆满了吃的。这让我觉得太妙了，真是太妙了……不过也不是因为这些消遣的玩意儿，这跟每个在这儿工作的人有关，你会觉得你可以在这儿长不少见识。这是个你可以找到五个导师的地方。大家正在做的事都让你兴奋不已。你也有能力提出意见，发挥自己的作用。

2001年初，在一片风言风语中，娜塔莉所属的公司，这个曾经的互联网媒体的宠儿第一次宣布了裁员计划。公司向员工们保证，这只是"勒紧裤腰带"的必要举措，并不是倒闭的前奏，还保证终将聘回所有人。但对娜塔莉来说，一旦这个家一样的办公室走向终结，"你就知道它永远都不会变回过去的模样了"。

按照公司惯例，任何离职的人不管是否出于自愿都要通过通讯组列表向全司上下发送一封告别邮件。挺过第一轮裁员之后，娜塔莉启动了自己的仪式：访问离职员工在公司网站上的个人页面，然后一一致谢。她还会看看他们的照片，了解他们参与过的项目和他们的爱好。不过随着裁员人数激增，查找每一个离开的人就"变得格外烦琐了"，娜塔莉最终放弃了这个习惯。她在公司又撑了半年，经历了六轮裁员，到那时，"幸存者"的负罪感和不断削减的工作量实际上已经让她很期盼离开自己曾经热爱过的这家公司了。

娜塔莉在这家公司体会到的团结感可谓历久弥坚。即使在几年之后，她和很多前同事还保持着联系（他们都自称是该公司的

"校友"，还拥有他们自己的社交网站）。其中之一就是她如今的丈夫丹尼尔·克莱因（他在娜塔莉被解雇时还是她的男友），我在第二章引述过他对职业生涯管理的看法。两人是在硅谷总部的一次公司派对上认识的，此后很快就开始了一段异地恋。2001年，丹尼尔在公司的第一轮裁员中丢掉了工作，为了离娜塔莉更近些，他搬到了达拉斯。不久，他就在一家为医疗保健服务商提供软件的公司找到了一份工作。第一轮裁员就被辞退，这让丹尼尔颇受打击，但他后来觉得这对自己也不无好处，因为他面对的就业市场比娜塔莉一年多以后步入的就业市场要景气得多。

就在前雇主宣布第一轮裁员之前，娜塔莉买下了一套需要大修的新房。靠着遣散费和她在丹尼尔公司干的一份约聘工作，她还付得起房贷。然而在2002年4月我们见面时，这份为期两个月的工作合约已经到期，她马上就要动用自己的积蓄了。

我有一笔不小的积蓄，只是不想动。所以，电影不看了，馆子也不下了。能不花的钱就不花。我很会省钱，这也不一定多有趣，不过我也不是个大手大脚的人。我比较喜欢把钱花在真实可感的事情上，特别是家里用的东西上，还有看剧、娱乐之类的东西上。最让我不爽的就是［没法在］我的院子里种东西，因为现在时机不对，我得把这个爱好放一放。我去杂货店购物的时候也会更注意价格，我只会买一些必需的便宜货。我不吃羊羔肉了。［笑］我觉得娱乐方面受的打击最大。我男朋友什么都喜欢玩。有时候我就很纠结，因为他会说："哦，我们去攀岩吧。"这就是额外的开销，我现在不该花这个钱。［所以我会说］"我们去慢跑吧。"他还喜欢到处喝酒。结果实际上我们就去了巴诺书店（Barnes & Noble），只是出去逛一逛，读读书，所以我们的生活方式都有点改变了。他会请我到处去看电影，这很棒，但我真不是那种喜欢总让别人给我花钱的人。

娜塔莉说丹尼尔对自己的求职给予了非常多的支持和鼓励，但她也担心自己的失业会影响他们的关系。现在她有了很多空闲时间，而且很依赖男友，她发现这种状况对两人来说都是前所未有的。

　　我可能变得有点太黏男朋友了，因为我的时间太多了。［我会说］"哦，明天请个假吧。""回家吃午饭吧，我给你做饭。"这些我平常也会做，但现在处境不一样了……［自从失业以后］我读的书更多了。我买了不少好书。我还为我的猫办了好些大事。我开始给它喂生肉了，我一直在为我的猫研究各种疗法。我也为男朋友做了很多事，很贴心的事。其实我是乐意为他付出的。我们也谈过，我有时会觉得自己没有付出多少，不是钱的问题，只是有点觉得我现在并不是非常成功。［哭了起来］这肯定会让我对我俩的关系产生不安全感。

对一些男性求职者来说,更多地依赖配偶或伴侣标志着他们对婚姻和性别角色采取了一种前卫的态度。对娜塔莉来说,她在经济上虽然是独立的,但更多地依赖丹尼尔还是让她有一种令人难受的窘迫感。尽管娜塔莉在照顾丹尼尔的方面比她在职时要付出得更多,但她仍然觉得自己没有对丹尼尔"付出多少",因为她并不是一个在职的专业人士,所以在自己眼里就算不上是一个成功的人。

和娜塔莉一样,埃丽卡·罗思也很担心失业会影响自己的婚姻,这与男性求职者的描述形成了一种鲜明的对比。埃丽卡40岁出头,是一位身材健美、语调温柔的女性。2002年初,就在我采访她的两个月前,她被一家跨国科技公司解雇了。她之前曾被解雇过一次,不过那次在经济上更有挑战性——当时她丈夫还在读研,她一人挑起了全家的大梁,但这次裁员反而给埃丽卡带来了更大的压力。就像上述的男性求职者一样,埃丽卡也当即就表达了她多么庆幸自己有一个在职配偶,但她的看法也揭示出了一种糅合了感激和内疚的复杂心态。

起初,[我老公]非常出色。但很不幸,现在我们真的很难,我完全没料到自己会丢工作。我老公在一家医院上班,他那家医院,也就是他所在的公司,收购了另一家医院。

所以这两家医院就要合并了……他接手了另一家医院［的职责］，那家医院的规模是原来他所在医院规模的三倍。基本上他也没加多少薪，生活成本反而增加了，因为要管的事也是以前的三倍。他每天要工作12～14个小时。要是我没丢工作，他还可以选择灵活点，拿个遣散费走人，他在这行里很容易就能再找份工作。但自从我失业之后，他就觉得自己没这个资本了。他现在压力很大……我估计他是觉得我靠着自己的人脉和其他资源立马就能找到工作，但压根没这回事。所以我想他也开始认识到了，这条路比他当初想的要难走得多。再加上他工作本身的压力。所以情况就变得很严峻了。

当我问到她和丈夫如何应对这种压力时，埃丽卡哭了。她哭着说："我尽量不对他的话有过激的反应，因为他完全有资格说那些话。我确实让他过得很艰难。"埃丽卡擦了擦眼泪，又一再表示："情况可能会更糟。我还算幸运。我的处境已经比很多人都要好了。"然而埃丽卡还是觉得是她的失业造成了这种处境，导致她丈夫不敢再轻易抛下一份不满意还压力很大的工作。丈夫读研时，埃丽卡也是家里唯一挣钱的人，但她并没有把家庭现状简单地归结为当时那种情况的反转，相反，她只觉得自己目前在经济上毫无贡献，给丈夫增添了不公平的负担。她因为"让他过得很艰难"而感到自责、内疚，尽管她根本无法掌控自己的失业状况和紧张的就业市场环境，以及丈夫最近工作满意度上的变化。对埃丽卡来说，为亚历克斯这样的男性求职者提供了情绪缓冲的自立是不存在的。她认为自己的经济义务与丈夫的就业状况无关。

娜塔莉和埃丽卡的这种萎缩的自我价值感和强烈的不安全感，在很多方面映射了纽曼在1988年所研究的男性经理人的感受，而且她们受到的责备还远超这些男性。近几十年来，中产阶级男性的男子气概虽已较少建立在稳定就业这一基础之上，但对娜塔莉和埃丽卡这样的女性来说，职业认同和自我价值似乎缠结得更加紧密了，至少她们在私人关系中的角色是这样。研究人员过去以为女性较少受到失业的困扰，因为她们更重视自己的私人关系。不过对埃丽卡和娜塔莉来说，一定程度上也是因为私人关系对她们太重要了，所以才会因为失业而感到如此烦心。[23]

对一个男人而言，能接受妻子的供养，说明他对性别角色的变化和女性职业成就抱有一种不带性别歧视的开放态度。克雷格·默里可以把自制的曲奇送给妻子的同事，并且引以为豪，艾德·唐纳利也可以宣称自己比那些拒绝靠妻子供养的男人更加开明。然而对娜塔莉来说，情况正好相反。在她新获得的那段充足的闲暇时光里，做园艺、照顾猫以及给男朋友做饭实际上削弱了她的自我价值感，让她觉得自己没有多少成就和进步，或许连吸引力也不如从前。

失业会让成年女性感到挫败，这并不奇怪，如今受过教育的中产阶级女性理应从事有偿工作（至少在生孩子前是这样）。

事实上对很多中产阶级女性来说，不干有偿工作已经变成了一个充满文化焦虑的决定，并且在有关女权主义和家庭的更广泛的文化争论中被当成了一种佐证。[24]娜塔莉和埃丽卡这样的女性接受了独立供养者的意识形态和随之而来的压力，而周围的男性白领却正在抛弃这种意识形态，转向了另一种模式，借此弱化了他们供养一个依赖性伴侣的责任，同时仍可以设法将自己界定为自主性和男子气概的表率。娜塔莉和埃丽卡似乎并不像21世纪头10年里的失业男性，内疚和自责的态度让她们看起来更像是纽曼在20世纪80年代采访过的那些被裁员的经理人，他们会根据一种精英个人主义的意识形态来评判自己，将失业等同于个人失败和一无是处。

职业生涯管理的意识形态并不明确地专属于某个性别，其信徒也会激烈地反对这种看法，但它对男性工作者显然有着更大的吸引力或适用性。如第二章所述，这在一定程度上是因为职业生涯管理者对自己的定位恰好对立于那些向公司寻求稳定和保障的"依赖型组织人"。"组织人"心态还有一个要素，即这些个体工作者虽要依赖一家公司，但在家庭情境中，他们往往也是供养妻儿的大丈夫。这种养家糊口的角色提供了一种带有男子气概的身份，代替了每天为别人干活和依靠薪资生存的屈辱感。职业生涯管理是建立在另一种成年男性的自主模式之上的。一旦接受了职业生涯管理提供的那种完全自立的幻觉，男性工作者就可以拒绝承认自己在依赖他人，即使要仰仗雇主支付的工资或配偶提供的食宿，他也能坚持这一立场。这一历史性的意识形态转变与中产阶级的男子气概和婚姻理想上同样重大的变化铆合到了一起，于是造就了一种局面，让失业男性可以将自己定义为独立的（意指他们是"一人公司"而非雇员）、在一定程度上不依靠任何人的人。中产阶级婚姻中的这种供养和依赖模式逐渐式微，弱化了男性为家庭提供经济来源或至少是唯一经济来源的义务（尽管这也让人们对他们所能提供的情绪价值有了更高的期待）。另一方面，由于白领女性保留了或刚刚采用了一种基于稳定就业和经济付出的职业认同模式，因此无法分享职业生涯管理的情绪提振效应，而这种效应似乎本身就更能支撑男性化的身份认同。

当然，并不是只有丈夫和妻子这两种依赖者。在本项调研进行过程中，娜塔莉和埃丽卡都没有孩子，这有可能在很大程度上影响了她们对失业的反应。（娜塔莉和丹尼尔后来结了婚并育有两个孩子。在后记中，我会简要地说明这一状况如何影响了他们的职业认同和责任分工。）如上文所述，我讲到的很多热衷于职业生涯管理的男性无须抚养子女，而没有子女的年轻夫妇最有可能自视为共同养家者；有子女的夫妇往往会把是否去工作的问题界定为一种女性而非男性需要做出的选择。在我的调研中，只有三名女性受访者的家庭是双职工家庭。在这三人中，一位35岁左右、有两个学龄期的孩子的女性表达了与娜塔莉和埃丽卡类似的内疚和不安。另一位是一位年近50岁的物理学家，失业给她带来的苦恼比另两位更年轻的女性轻微得多。她解释说，失业的感觉就跟她原来在家带孩子的时候没什么两样。最后是一位37岁的非裔美国人，从事网页设计工作，有4个年幼的孩子，即使在被裁员之后，她仍和丈夫共同承担着家中的经济责任。她在努力地开拓自己的网页设计业务，同时帮丈夫的小公司打理账目和行政工作，但她坚持要求丈夫为此付费。"不能什么都给他白干，"她说，"生意就是生意。"要从这几个例子中得出结论恐怕会有些鲁莽，但它们还是能表明一点，母亲的身份确实会影响双职工家庭中的女性对于失业和依赖配偶收入的体验。

相较于已婚女性，职业、性别和婚姻叙事的转变显然对已婚男性的失业体验产生了更为积极的影响，但情况也没有简单到可以下此断言：在这些刚刚达成了共识的工作和家庭模式中，男性就是赢家，女性就是输家。无论是配偶供养模式，还是更灵活的男子气概模式，都没有完全解决失业给美国男性带来的困境和压力问题。能够依赖配偶的收入确实会让人更容易保持职业生涯管理所需的乐观和灵活性，而且即便长期失业也能维持生计，这会强化求职者的一种自我感觉，即自己是一个能屈能伸的创业者，成功地驾驭着一个充满挑战的局面。这种依赖使得求职者能够继续充当优秀的职业生涯管理者，但也恰恰是这种依赖破坏了职业生涯管理内核中的自主理想。

求职者可能会把自己定义为"一人公司"，但这些公司的运营资本常常是另一名工作者的劳动所得，后者所处的行业一般比高科技行业更加稳定（收入往往也较少），不过也并不总是如此。[25] 当企业和心态更为矛盾的个体工作者在称颂社会契约的废除所带来的灵活性时，他们往往没有意识到婚姻习俗的变化在多大程度上弱化了由此而生的不稳定的影响。在接受我的采访时，个别夫妻会公开感谢配偶的支持，但他们都自视为主动灵活的职业生涯管理者，依靠的是自己的次要收入，很少会探究那些与他们这种观念相关的更广泛的因素。正如"组织人"的职业生涯模式是以家庭主妇的服务为基础的，职业生涯管理者的模式在很大程度上也要（即使常常是无形地）依赖在职的或至少是具备就业能力的配偶。没有在职配偶，迫在眉睫的经济问题就有可能削弱职业生涯管理者所需的灵活性和毅力。大多数求职者都缺乏大笔储蓄或高薪的临时工作，他们只有凭借配偶的收入才能成为出色的职业生涯管理者，从而接受新领域的再培训、获得额外的证书、攻读更高的学位、从事策略性的志愿者工作，以及定期参加交际和求职活动。

在求职者长期失业的情况下，配偶的收入不但维持着家庭生计，而且缓和了最初造成这些困境的劳动制度和市场经济可能引发的强烈反弹。不少失业者既没有失去房子、宣布破产，也没有窘迫到缺衣少食的地步，但这掩盖了一个事实，即那些旨在保护失业者的公共和私人计划在很大程度上并没有达成其目标。若没有在职配偶，当前的失业救济制度、工作者权利立法、政府资助的职业培训和就业计划、平价托儿所、遣散费和退休金给付以及基于就业的医疗体系等方面的不足将更为明显，或许也更有可能引起全国的关注。然而无常且日益全球化的劳动力市场、疲软的经济以及公司福利的削减所造成的负担，已经悄悄转嫁到了双职工家庭的肩上。

究其根源，求职者会接受这一负担有两个交叠的原因，两个原因都在第二章讨论过。首先，在这个史无前例的不确定的时代，个体能动性这种说法的吸引力是不可低估的。当生活的各个方面好像都充满了不稳定性和风险时，"我是自身命运的主人""我做得到""我能单凭自己的头脑挺过去"这些信念可以提供无法估量的慰藉。其次，接受这种负担也符合更普遍的美式偏好，尤其是中产阶级，他们都倾向于依靠个人，而不是寻求集体或机构的解决方案。科技工作者并不反对上述结构性问题，他们往往认为这些问题不可避免，也难以解决，但相反，他们也相信这些问题都可以解决，而且仅仅通过市场运作就能解决。

职业生涯管理的个人主义亲市场哲学强化了这两种直觉，把抗议的缺失上升成前瞻性实用主义和男儿自强的证明。然而，求职者对"体制"——塑造了他们的工作体验和好脾气的企业、政府政策和劳动力市场缺乏愤怒，并不仅仅是他们忠于职业生涯管理的一个副作用。这既不是偶然的，也不是派生而来的。相反，这既是体制长期未能保护和帮扶个体工作者及其家庭的表征，也是针对这一失败有意采取的补救手段。

后　记

至2010年春季，失业问题仍然无处不在。1500多万美国人在积极寻找工作，全国失业率徘徊在略低于10%的水平；由真实的美国失业者客串的电影《在云端》（*Up in the Air*）获得了奥斯卡最佳影片提名；一大堆讲述幸福的新书都引用了一项发现：失业对幸福感的负面影响甚至比离婚或爱人之死更为显著而持久。[1]偶尔也会有经济即将复苏的迹象，但一位经济学家的评论给这种说法泼了一盆冷水，他说："我认为失业率会持续升高，至少在可预见的将来会持续升高……由于我们所经历的这一切，大家的心态都发生了变化。我们也将因此而有所不同。"[2]

作为一个集体，美国人是否会因为最近的这场经济衰退以及由此引发的失业率飙升现象而产生一些实质性的变化呢？我的调研至少可以为这个问题提供一个片面且初步的回答。2007—2009年间的经济衰退与我展开本项调研时的那次经济衰退有着不容忽视的相似之处，因果上的差异也不应被忽视。[3]当然，本项调研中的求职者并不能代表美国劳动力这个整体。他们的社会阶层、教育程度和职业经验，还有某些人的种族和性别，都使其享有了其他工作者无从获得的特权和机会。凭借着储蓄、信贷、私人借款和报酬远高于最低工资的临时工作，这些失业者很少会面临失去住房或缺乏生活必需品的处境。最重要的是，大多数家庭有两份收入——这得益于女性就业、婚姻关系的性质和恰当的男性性别角色等方面发生的改变，同时也是因为靠一份工资想达到中产阶级的生活标准已经越来越难——这使得很多家庭能够在夫妻一方因裁员而失去收入的情况下维持更长时间的生活。尽管有这些特殊原因，但正如本书导言所指出的，我在21世纪初的头几年里结识的这些技术工作者都可以在不稳定就业的矿井里充当"金丝雀"，这一状况指明美国新一代失业者的未来。

与研究"金丝雀"相比，研究科技工作者有一个优势，那就是过了近十年之后还可以联系上他们，了解他们首次"下井"以来的经历。因此，在2009年春季的这场经济危机中（与前一次经济衰退相反，达拉斯的就业状况要略好于全国平均水平），我重新采访了九个人，他们的话语和故事在前几章都可谓举足轻重。[4] 选择这九人的部分原因在于我认为读者最感兴趣的还是书中主要"人物"的命运，通过我的讲述和大篇幅的访谈摘录，大家对他们已经有所了解了。其中有一些是我在达拉斯期间关系比较亲近的人；还有些人的故事我都有过详述，因为我发现他们都特别具有代表性或独特性。同时我本人也很好奇这些人又经历了什么，以及他们的看法和视角在这些年里会有什么变化。

离开这个研究领域后，我偶尔还会跟3个求职者联系。至于其余的人，我就给他们留的最后一个电邮地址发了一封邮件，询问他们是否愿意在电话里谈谈自己过去5年的经历。有些邮件马上就被回复了；另一些则因为地址失效而被"退回"。对于后面这种情况，我就在网上搜索，通常就是在谷歌上搜他们的名字，有时还会加上"达拉斯"，以便找到他们的新联系方式。〔网络社交平台的兴起在这方面给我提供了不少便利，这也不奇怪，毕竟求职者对任何形式的社交都非常投入。我在领英（LinkedIn）上找到了大多数"失联"受访者，我听说这个职业社交网站就是"成年人的脸书（Facebook）"。〕我原打算重新采访10位受访者，却一直没收到第十位受访者的回复，也不知是因为我的邮件根本没发到她的邮箱，还是因为她有意不回复。幸好其他9个人都很愿意跟我谈谈。虽然我坚信当面谈话比电话或邮件访谈要好得多，但当时要去达拉斯调研是不可能的，所以我还是决定通过电话进行后续访谈。每次访谈的时长都在1~3个小时之间，有时我们还会在访谈前后通过邮件交流，受访者在邮件中提供了更多的近况和意见。

自我最后一次与他们中的大多数人交流以来，这9人在过去5年里都经历了各种戏剧性的变化，这本身就能证明职业生涯管理与随其兴起而产生的结构和文化变革正以各种复杂的方式塑造着其信徒的生活。有些受访者的发展还算顺利，有些则与之判若云泥。最引人注目的或许是，职业生涯管理作为一种意识形态和生活方式，已经展现了超出预期的高度弹性，即使是那些最难获得财务保障和职业稳定性的人也是如此。我没法肯定地说这9人的命运能代表最初调研中的另外66名求职者的命运，但其经历的多样性表明，这一群体既没有过度同质化，也不具有明显的差异性；只要有可能，我会提供区域和全国层面的比较数据，以便将他们的经历置于更大的背景之中。

本书以亚历克斯·布罗德斯基的故事作为导言的起始，所以以他作为后记的开头比较合适。亚历克斯做了他需要去做的事，以此熬过了13个月的求职期，最终，他很庆幸自己又能回去做自己想做的事了。2004年，他在一家在线零售公司找到了一个信息架构师的职位，此后便一直在那儿工作。他如今管理着一个8人团队，薪水远超自己被裁员前的收入。我问他有多喜欢自己的工作，亚历克斯答道：

> 我老跟人说，我身上有个内置的晴雨表，因为我住的地方［离办公室有60多公里］。要是哪天早上一起床，我终于受不了每天都要开车去那儿了，那问题就来了，我都不需要知道问题出在哪儿。我现在还是开车去上班，而且一直很开心……我喜欢那儿的工作，打算长期在那儿干，只要他们不烦我。

汉娜还在教书，艾拉如今也上学了，几年前，这家人在达拉斯的郊区买了一栋新房，位置在夫妻俩的工作地点之间，交通很便利。亚历克斯曾饱尝长期失业之苦，还有过破产的经历，所以即便他薪水很高，他们在财务上也相当谨慎。他说他们并没有"瞎省钱"，但已经有意降低了生活成本，亚历克斯若再次失业，他们也可以继续靠汉娜一人的工资来保障房贷等基本开支。

亚历克斯应对失业和求职的策略看来对他很有帮助。他的家人身体都很健康，经济上也有保障。他的工作薪资丰厚，兼有挑战性和成就感。在他看来，他做了自己必须做的事，最后一切都解决了。然而当亚历克斯听说美国目前还有数百万人失业时，他也会想到自己："若非上帝的恩典，我也难逃此劫。"如果他的职业状况出现变动，或者他开始害怕一大早就要开长途车去上班，又或者公司解雇了他，那他也可以干脆再回去端盘子。"这就是种宽慰吧，"亚历克斯说，"对我来说，最惨的情况也不过如此。"他和家人会保住他们的房子，继续相互依赖，继续做他们必须做的事。

亚历克斯的处境并非常态——大多数人在被裁员后赚的钱都不会超过被裁员前的收入，考虑到还有一个需要端盘子维生的工作空档期，情况就更是如此。与一直在职的人相比，失业者的平均收入损失为10%～15%；在经济衰退期被裁的人，收入损失往往更大。[5] 2004年一项针对达拉斯失业技术工作者的研究发现，在重新找到全职工作的那四分之一的人当中，将近60%的人收入有所下降。[6]我的研究对象并不具有统计学上的样本代表性，但在我2009年再度采访的九名求职者中，只有两人的收入明显高于他们在21世纪初被裁员前的收入。在其余七人中，一人赚得比裁员前稍多一点，另一人略少一点。有三人的薪资大幅减少（相当于之前工资的三分之一到一半），一人目前失业，另一人自愿离开了职场。他们的经历及其对自身经历的解释，共同讲述了一种意识形态及其结果的故事。

克雷格·默里仍然在烤饼干，但这一次他带给了自己的同事，而不是妻子的同事。2009年5月，克雷格找到了一份新工作，在一家大型食品公司担任市场调研员。"上周一和周二，我带了些巧克力曲奇和花生酱曲奇到公司，结果大受欢迎。我告诉你吧，要想跟同事交朋友，这是个好办法。"在过去七年里，克雷格不得不结交很多新同事里的骨干。自2002年被裁员以来，克雷格已干过三份全职工作（两份是自愿离职的，一份是因为裁员）和几份约聘工作。他通过一名猎头找到了现在的工作，猎头在职业社交网站领英上发现了他的个人资料。[7]克雷格很喜欢上一份工作，在那儿干了三年，现在这家公司给他加了30%的薪资，也给了他一个机会，让他能去做一些他觉得更有意思的工作。

克雷格即便被裁员也能相对迅速地更换工作，他认为其中一部分原因是他会积极地参与职业协会的活动。（尽管他在熟悉新岗位的阶段没法参加他常去的交际午餐会，但在我跟他交流的前一周，他还是参加了两场为营销人员和品牌顾问举办的晚间活动。）他建议失业者也要这么做："我觉得你应该像管理一个品牌一样管理自己的职业生涯，搜寻每一个露脸的机会，让你的名字无人不晓。"对克雷格和亚历克斯来说，职业生涯管理的原则——特别是作为一家自主的"一人公司"的感觉以及对个人努力有效性的信念仍然是牢不可破的。

和亚历克斯一样，克雷格也明白是妻子的收入促进了他职业上的成功。他的妻子——"还是我在差不多18年前娶回来的那个开心果"仍然在从事管理咨询工作，她的稳定收入始终影响着克雷格对于求职择业的想法。

有个薪水不错的妻子还是很重要的。这么多年来，我俩的薪资都在你追我赶，这明显会让人更自在，至少我跟潜在雇主谈到薪酬的时候会觉得更自在。如果这是我真感兴趣的工作，如果这份工作听起来实在很有意思，让我确实不那么在乎钱了，那我就会把这个话告诉潜在雇主。我会说："你看，我老婆是个咨询顾问，她收入很高，我对这份工作是真的很感兴趣，薪水并不是我想干这份工作的主要原因和动力。"不是说我们多有钱，但现实就是家里有双份收入，还没孩子，这是有一定优势的。

如果克雷格在某种程度上就是职业生涯管理的典范——面

对变化时镇定自若，优先考虑规划而非薪水，总是在寻找下一份更有趣的工作，那么妻子的薪资和支持就是成全这种灵活性的一个重要因素。克雷格提到了他们夫妻是丁克一族（双收入，无子女）。正如我正在第五章中所指出的，无须抚养子女也是这些求职者能保持更灵活的就业姿态的因素之一。克雷格不必养家（尽管他也没有完全把自己定性为被供养人），不用考虑妻儿，否则他即使再想自由地保持这种就业态度也是不可能的。

当然，衡量求职者成功与否的标准不能仅仅取决于是否再就业或是否有经济保障。很多求职者都明确地表示，失业可能是一种让人厌烦、消沉、气馁的经历。即便在找到新工作后，这种经历造成的焦虑并不总是会消退。

在13个月的求职过程中，科技网前负责人威尔·埃里克森都在依靠妻子的高管收入过活，2009年，随着妻子退休，他们的角色也发生了互换。威尔在2002年发给组员的一封电子邮件里提到了一份约聘工作，但这个工作并未转为他预期的全职工作，接下来的几份约聘工作也是一样，但在2003年，他与沃思堡一家大型航空公司签下的约聘工作确实让他获得了一个稳定的职位，威尔已经在那里干了近六年。现年57岁的威尔希望在目前的公司里干到退休。虽然离预定的退休日期只有两年，也没有什么具体的原因会让他觉得自己工作不保，但他多少还是担心自己可能会被提前解雇。

> 想一想的话，我觉得我对这方面确实有种隐隐的焦虑感，这［裁员］其实是有可能的，十年前我绝不会有这种焦虑。我会想我之前才经历过裁员，最后还找了一年多的工作，我觉得再被裁的话恐怕很难再找到一份工作了。不管会不会这样，我心里就是这么想的。所以［才会对］收入和工作的稳定性甚至整体生活上都有种隐隐的焦虑感。

与大多数美国工作者一样，不稳定性已经成了威尔生活中的一个永久组成部分，甚至给他相对安稳的职业和经济状况都蒙上了一层阴影。[8] 他说自己对抗这种不稳定性的办法就是走入由失业者同伴们构成的支持性社群里去，他认为如今求职者都有必要这么做。

> 我觉得［我现在应该给失业者］传达的信息是，一方面，焦虑是正常的，另一方面，他们也需要有一个支持性的人际网或者某种支持小组——亲密的朋友或是可以让他们倾诉焦虑的人，无论他们正在经历什么。因为我很清楚，我在找工作的时候，甚至在当下，要是没有这个支持小组，我觉得我肯定会一蹶不振。

我比较意外的是，威尔认为自己的支持源泉并不是他在失业期间投入了大量时间和精力的科技网，而是一个每周一聚的小型基督教男性团体。作为科技网的负责人,威尔经常告诫求职者"不要因为找到工作了就不再交际",但他并没有遵循自己的建议。"我一找到工作就差不多退出了,完全没跟他们再联系。"他说。威尔决定脱离目前仍会每周一聚的科技网,部分原因也在于他已经不指望自己以后还能再找到一份工作了,至少有偿的工作是没希望了。他现在把精力都放到了另一些方面,关注的是自己即将到来的退休生活和他最近成立的一个非营利性的神职团体。如此一来,他上面描述的那种焦虑状态可能最终也会烟消云散了。再稳定地工作几年,威尔和妻子(他们一直是丁克)就将遁入一个有两份固定收入、相对安稳的世界之中,而他们希望拥有充足的退休储蓄。

在第二章,前电视制作人迈克·巴纳德曾将找工作形容为"傻子才玩的游戏",他也在想象自己最终退休时大概会是个什么状况。

> 退休,对我和如今的大多数人来说,这个可能性是越来越小了……我差不多已经决定了,不管我将来会把什么当成保障,也都得靠我自己的头脑来产出。

为此,大约在五年前,也就是我俩上次谈到他对全球离岸外包的支持时,迈克创办了一家专门从事在线视频传输的公司。按迈克的说法,他的生意一直很好,加上相关领域的少量约聘工作,他现在的年收入约为8.5万美元。他过去的薪资接近15万美元,现在他却认为这只是"互联网泡沫"所反映的"虚假经济"的一部分。他说自己过得很舒坦,从他只用养活自己以后就更是如此。他被裁员后不久就和妻子离婚了,他把这场婚变基本归因于自己的失业以及随后做出的不再谋求在企业做全职工作的决定。

> 我一直想出来单干,断断续续地想了好几年,但大环境不适合。我很容易掉入一种循环中:要么找到一份工作,要么丢掉一份工作然后失去所有身份认同……但我[上次]离职之后失业了一段时间,基本上就做了一个全职[约聘人],但这个状况很不牢靠……我们能干这个活儿的全部原因好像就是,只要经济一走低,我们就要当替罪羊……所以我老是被裁,然后过几周又会被返聘,我都烦透了。当时还没离婚呢,我就跟老婆说了,我对这个状况实在恶心得不行,看不到这其中有什么未来,她真的很坚持让我继续受聘,她就是这么看的。这么说吧,我是真不想再做公司的"妓女"了,这可能是我们婚姻里的一个大问题,也是我们婚姻失败的关键因素之一。所以我离婚了,我下了决心,行吧,现在也是个离婚的好时机。

自从被解雇以来,迈克的收入大幅减少,这让他落入了阶层下滑的人群之列。凯瑟琳·纽曼指出："阶层下滑的意思不言而喻，就是亏损……只能相对于一个特定的起点来理解。"[9]迈克目前的收入可以排进美国家庭收入的前四分之一，但也只是略多于他失业前收入的一半。他把离婚的一部分原因归结为自己的失业，而离婚又让他失去了妻子提供的帮助。

迈克用了"公司的妓女"一词，这再一次让人想到了所谓的女性化全职依赖（哪怕并不稳定）跟失业和（试图）创业的男性化独立之间的对照。他与妻子的冲突和最终的离婚至少要部分归因于妻子不愿接受他对现状的看法。迈克认为去公司上班就是在依赖他人，而他的前妻（就像第五章中的女性求职者一样）则认为给别人打工是一条更安稳也更负责任的道路。最后，迈克选择结束婚姻，而不是把自己阳刚的独立性强拗成他眼中的"公司的妓女"。他们的婚姻是职业生涯管理的牺牲品之一，这种代价还有诸多形式。

第三章提到的美籍日裔求职者、热心的志愿者基思·哈特曼也在寻找一种比传统的企业就业更稳妥的替代方案，同时他也经历了大幅降薪。现年53岁的基思失业了近两年，之后在一家美国公司的日本分公司找到了一个管理职位。上任伊始，公司就进行了重组，他被擢升为日本分公司的总裁，年薪23万美元。这家公司拒绝安排他的家人赴日，所以基思就租了一间"和我家卫生间差不多大的小公寓"。这种简朴生活也不无好处，至少让他可以汇钱回家，清偿他们在他失业期间积欠的债务。但基思很想念妻子和三个孩子，再加上后来身体也有些吃不消，于是便辞职回家了。他返回美国后立即就和一位前客户签了一份约聘工作。两年后，客户削减预算，基思的职务化为乌有，他再次失业，只好继续在达拉斯求职。他参加了几次科技网的会议，却发现这一次和其他求职者共度时光的前景已经没那么诱人了。

> 我记得有几次我真的非常绝望，尤其是我失业那两年的最后时期，这［参加交际活动］让我离当时那个惨淡的心境太近了，我决定在心理上跟他们保持距离，所以就离开了。我收到过这种小组发来的电邮之类的东西，但我都不会积极参与。我明白，他们现在又人满为患了，因为很多人又失业了。要我说的话，情况就算不比21世纪的头几年更糟，也差不了多少。

这些活动曾引领和鼓励过基思，现在却让他痛苦地忆起了过去的长期失业和随之而来的抑郁情绪。我在田野调查期间关注过的几乎所有达拉斯地区的交际活动直到2010年都在持续举办，然而自我最后一次与那些屡次被裁员的科技工作者交流以来，其中的大多数人都不再参加有组织的交际活动了。[10] 个中原因不一而足，比如威尔期望自己不必再找一份工作了，基思则是产生了抵触情绪，还有一种更普遍的看法，那就是这类活动对职业的助益不如在职人员的活动。然而正如基思所指出的，面向失业者的交际活动始终吸引着大批新的求职者，其结构和内容也依旧在为职业生涯管理背书，强调将自己当成一家独立、从不抱怨的一人公司来营销的重要性。

2007年，也就是基思失业八个月后（其间他接过几份短暂但愉快的现场口译工作），朋友推荐他去一家政府机构的人力资源部做一个约聘工。即使只是约聘工，基思对政府工作那种相对的稳定性也赞不绝口，但这个职位远不是他自认为"命中注定要去做的"那种激动人心的国际化工作。他目前的工作是"安稳的，但没什么挑战性"。"有几天，"基思说，"我整天都无所事事。"不过他还是表示："我很庆幸自己有一份工作，虽然有时候我真的很无聊，觉得自己没派上什么用场。"

基思渴望有机会展示和运用他在漫长的职业生涯中培养出的一整套技能。对基思来说，被人聘用和"派上用场"不是一回事。他的叹息声中蕴含着当前不稳定的就业体制造成的最让人痛心的一个后果。全美有数百万失业者和未充分就业者的才能都被浪费了。他们积累多年的训练、教育和经验，以及投入到工作中的不可估量的精力、创造力和热情最终都付之东流，至少跟他们曾经的预期相去甚远。

在目前这种状况下，基思很怀疑自己是否还能找到让他觉得有价值且派得上用场的有偿工作。他仍会利用工作中的大量空闲时间来查看招聘网站，尽管得克萨斯州（和加利福尼亚州）自2007年以来在创造新的高科技岗位方面一直在全国名列前茅，但基思在他选定的国际商务领域几乎没发现任何机会。[11]

> 我现在53岁，也就是说我可能还有15年多的［工作］时间。所以我琢磨着我们应该尽量减少开支，在我俩都还能工作的时候尽量多存点钱。因为我觉得就业形势不会好转了。依我看外派的工作也不是挂在矮枝上等着你去摘的，不管怎么样，我都没有多少时间了，我宁可做些能充实我内心的事。

几年前，基思偶然找到了一家非营利组织，他们会通过周末培训研讨会的形式来帮人们发现自我。"这听起来有点老套，"他坦承，"但这对我来说是一次无与伦比的体验。"他现在是该组织的志愿者，负责帮助他人应对生活中的危机。

> 这世上有很多痛苦，有很多绝望。我都亲眼见过了。如果你亲眼见过，而且正在帮别人克服过往经历带来的困难，钱的位置就不会排得那么靠前了。如果在经济上很成功，能够退休，过上悠闲的日子，这很好，但对我来说，更重要的是让我的生活有意义，而不是经济上有保障。

我在第三章做过详细的介绍，基思曾经用志愿者工作来对抗抑郁症，在他求职期间，这些事情占据过他的头脑和日程。现在他找到了一份工作，但并不在他选择的领域，而且这份工作显然也并没有受到周围人的重视。为了重新找回一个有价值的贡献者的感觉，哪怕算不上一个相对权威的角色，他还是再一次投身于无偿的志愿工作之中。基思把道德高洁和情感满足的价值放到了经济和职业收益之上，从而将自己的阶层下滑构建成了一个受人爱戴的机会，即使本非出于自愿，他还是可以借此去参与一些更有意义和更重要的工作。

尽管志愿工作有所回报，但并不能帮他支付账单，基思一家的收入也因此明显减少了。基思认为自己目前这7.5万美元的年薪对于他如今从事的工作类型和担负的工作量来说已算是颇为丰厚的了，但这也只有他以前收入的三分之一，而且他还有两个女儿在上大学。为了维持生计，这家人削减了开支，他的妻子也在时隔20多年后重返职场。

她是在得克萨斯大学奥斯汀分校拿的市场营销学的学士学位，但打从我们结婚以后，她就再没上过班，她现在开始给这儿的公立学校干活了，做学校食堂的女工，给孩子们发勺子。我想她肯定很难受［她后来转到了同一所学校的行政岗］……我想她一年能挣个3万美元吧，所以这挺有帮助的。我们的总收入也略微超出了10万美元。而且我们已经把开支降到最低了。我们不出去吃饭，差不多每顿饭都在家做。我们会去书店之类的地方约个会，或者去看一美元的电影。[现在]我很庆幸制冰机还没坏，淋浴间还有热水。我们对很多我们过去觉得理所当然的小事都变得更加感恩了。周围有很多人的状况比我们还差。

基思也明白，阶层下滑是相对的。他在我的访谈中一再提到其他人的状况比他更差，无论在经济、职业还是情感上，他对自己拥有的一切都很感恩。他特别感谢妻子和孩子在他失业期间所给予的支持。我问到他如今对自己跟失业缠斗的那两年有何感想时，他又想起了我们在2001年的首次访谈中聊到的那个"缩水"的圣诞节。

我记得最深的就是我们家有多团结，我们依靠的是彼此，而不是物质上的东西。我记得圣诞节的时候，我们还从我岳父母那儿借了一棵圣诞树，这样就省得再买了，还记得我把一些纸片之类的玩意儿当成小礼物送给了孩子们。这些玩意很可爱，但也仅此而已，孩子们从没抱怨过我们送的圣诞礼物。这个记忆会伴随我一生，我永远都忘不了，孩子们总能看出我们已经尽了最大的努力，他们从没有一句怨言……说起那段时间，我能记住的就是这些事，这些给予我毅力和恒心的好事，相比来说经济压力反而不算什么。

与包括亚历克斯及其家人在内的众多求职者一样，基思也把自己的失业和阶层下滑的历程编织成了一种叙事内容，以此来彰显他质朴的品德和凭借毅力战胜逆境的成就。他认为是失业促使全家人认真地审视了自身的消费模式，欣然接受了他们在经济状况改善后仍打算延续的节俭的生活方式。只要把节俭定义为一种道德成就，求职者就能有效地将外部带来的困境转化成一个让全家人在心灵和道德上得以成长的机会。

2004年成婚的娜塔莉·劳森和丹尼尔·克莱因也将他们的收入缩减看成一种为获取其他回报而做的公平交换。这对夫妇现在有了两个孩子——三岁的罗丝和半岁的马克斯。两人结婚时，38岁的娜塔莉重操旧业，成了高级网页设计师，但罗丝出生后，她辞去了这份工作，做了一名全职妈妈。单靠丹尼尔的工资要维持全家的生计有点艰难，马克斯的出生以及夫妻俩买下的一套需要翻修的新宅使得他们的经济状况更加窘迫，但丹尼尔说他们最终还是轻易地做出了放弃双份收入的决定。

有罗丝之前，娜塔莉和我谈过这件事，因为我们俩都是高收入者，薪水合到一起非常不错。我们有一大笔可支配收入。如果我们这样保持五年，把所有收入结余都存起来，肯定能过得很好。但我们的年纪越来越大了，我们很清楚不能真这么干。所以这是非常有意识的［决定］。没错，我们知道没孩子的话日子可以过得很舒坦，但这不是我们想要的。我是说，我们也很想过舒坦日子。［笑］但我们肯定也想要孩子。

娜塔莉在第五章表达了她的忧虑，没有薪水会让她丧失魅力，变成一个过度依赖对方的伴侣，但这种忧虑在很大程度上都被全职妈妈的身份化解了，她把全职妈妈描述得比有偿工作更具有挑战性和成就感。

144 　　我从没觉得［养孩子］会［比有偿工作］更容易，但这也太难了！［笑］天呐！无论是从身体还是精神上说，这都要难得多。我没挣到真金白银，但我觉得带孩子抵消了我在这方面的担忧或内疚，因为我对家庭的贡献是毫无疑问的。只不过这种贡献的方式非常不同而已。

丹尼尔也给我分享了他对两人新的职责分工的看法。

　　她有她的工作，我有我的，也就是说她的工作是照顾孩子，而我要出门上班。肯定有人会说了，她在花你的钱如何如何。那我只能觉得他们没有一个很健康的伴侣关系。

虽然娜塔莉对母亲的角色相当满意，但她和丹尼尔也都坚持夫妻自立，但按照以就业为基础的成功标准来衡量自身价值的冲动，仍不时会涌上她的心头。娜塔莉和丹尼尔在跟一些双职工夫妇一起吃饭的时候，她偶尔会觉得"这种场合我无话可说。我的生活就是孩子、尿布和玩具"。她想缓解这种感觉，所以夜里都会在家做些约聘工作,每周要花10—15个小时。娜塔莉没有在宠爱孩子的全职妈妈和事业成功的共同养家者这两种截然不同的成功女性模式中做出选择,而是同时按照这两种模式来衡量自己,这不可避免地会让她觉得自己还有所不足。

36岁的丹尼尔也完成了职业转型。在2006年又经历了一次裁员之后,他离开了管理领域,从事一些技术性更强的工作,他认为这些工作最终肯定会更为安稳,尽管薪酬较低。丹尼尔说:"中层管理职位的问题就在于,你可以为很多事情担责,也比较容易被牺牲掉……但如果你是一名优秀的[软件]开发人员,找工作肯定就没那么难了。"丹尼尔最近一次求职花了两个月的时间。他的家庭经济状况良好,之前的雇主给了他三倍月薪的遣散费,但他找工作也有压力。

> 尤其是现在我们有两个孩子了,我必须得挣钱,照顾好老婆孩子……作为一个养家的人,没有工作导致的压力绝对是很大的,还有种焦躁感也让人很有压力。事实上我们还有遣散费和很多积蓄,情况肯定没那么糟,但实际上我最终焦虑到患上了一种奇怪的瘙痒症。突然一下子,我浑身上下都开始发痒,真是很奇怪。所以我很清楚这就是压力,是找工作造成的。

丹尼尔在新职位上已经干了两年。他没有将相对较低的收入和地位归因为反复裁员和他曾经梦寐以求的管理职位的消失所强加给他的变动，而是利用了一种关乎家庭以及平衡工作与生活的更宏大的文化叙事方式，将他的新工作状况描述成了对以往工作的改善。

我最近才开始考虑这个问题，因为我总是和一群年轻人共事，他们在我看来都很年轻［笑］，其实我在孩子出生之前也充满了这种驱动力。我就是对职业发展，还有其中的满足感更感兴趣。现在有了孩子，我觉得我不会再像以前那样找一份让自己有满足感的工作了。有了一个家庭，我从老婆和孩子身上得到了很多快乐。所以这改变了我的追求……我不愿意再去一个天天都得加班的地方了。我不介意活儿少点……但就在五年前，我还明确地把管理工作设想成我的事业目标，想着也许能一路步步高升。如今，我什么事业目标都没了。［笑］换句话说，管理工作不是我现在要争取的东西了。

与基思和亚历克斯一样，丹尼尔也强调有偿工作已不再是他身份认同或自我价值的核心。丹尼尔表示自己的薪酬和地位的下滑是出于自愿的，最终是有益的，也是孩子的出生促成的，但他拒绝或者说看不到另一些或许也能解释他近期职业变动的叙事。就像基思把节俭描绘为道德成就一样，丹尼尔对自身处境的解读强调的也是个人选择，而非必然性。我于2009年再度采访的几位男性总共已被裁员了十几次。他们为自己的身份认同和自我价值与他们所从事的有偿工作脱钩而感到自豪，但也证明了以前的身份认同在很大程度上因劳资间社会契约的日渐废除而被褫夺了。

无论如何，从丁克一族到为人父母的转型极大地改变了丹尼尔和娜塔莉对工作的看法，以及工作在其生活和身份认同中的位置，这当然也是事实。丹尼尔虽依然坚守着职业生涯管理的诸多信条，但阶层攀升已不再是他的终极事业目标。作为两个孩子的父亲，他如今比克雷格和迈克这种无子女的男人更不愿承担不稳定或创业式工作的风险。这种对比表明，即使是白领男性想要践行职业生涯管理，也存在着身份和时机上的限制。理想的职业生涯管理者不仅不依赖任何人，也不会被任何人所依赖。大多数求职者的情况并非如此，其中有些人甚至会觉得自己肩负着沉重的养家之责。失业的配偶和未成年子女使得职业生涯管理的理想变得格外难以实现（即便有可能），也给职业女性、穷人和劳工阶层这些人数不断增长的群体增添了不少独自养家者，要知道，职业生涯管理及其给予的回报对这些人来说本就是可望而不可即的。

白领男性接受了这种主要以家庭为基础而非以就业为核心的身份认同，但不应就此断定他们已经彻底拒斥了有关工作和家庭角色的性别化观念。尽管丹尼尔认为娜塔莉作为全职妈妈的工作跟自己的有偿职位一样都是工作，但他坦承，若是他们角色互换,他也会觉得有些不适。

我们讨论过这件事,如果我出于某些原因厌烦了我的工作,或者我被炒了,娜塔莉永远都可以回去工作。我觉得整天照顾两个孩子是非常难的,这个工作量可不小。要做个全职爸爸的话,我想我会有些……不知该怎么说,就比如惭愧或者尴尬什么的……我得绞尽脑汁地跟别人辩解,这样才能感受好点儿。因为我觉得全职爸爸可能会被别人看不起,比如〔他们可能会〕问,你怎么不去上班啊?……我想这种耻辱感多少还是存在的,就算对更年轻的一代来说也一样。

丹尼尔和不少同辈人一样,都坚称全职育儿是一份工作,但他仍然会觉得这是女性的工作。丹尼尔和亚历克斯这样的男人显然比前几代男人更乐于做一个更投入的父亲,会为了维系家庭而更积极地付出体力和情绪劳动。然而至少对丹尼尔来说,性别和劳动方面的社会规范仍然主导着他的平等主义倾向。在谈到他担心自己可能会遭人议论时,他又滑向了一个更传统的定义——工作是家庭之外的有偿劳动。叙事对理解人们的生活所起的作用是不可否认的,但很少有人会像丹尼尔这样自觉地承认这一点,困扰他的不是选择做"家庭煮夫",而是无法向别人解释,以维持他们对自己的正面印象。不过他还是怀有一种谨慎的乐观心态,认为只要有机会,他一样能够应对。"要真是这样,那也会好起来的。哪怕有个半年之类的，不管怎么样吧，我想我都没问题。"他说。

对恩里克·比瓦尔来说，考验丹尼尔这种说法的机会出现了两次，而不是一次。2002年，在恩里克求职期间，妻子做了两份兼职，他自己则承担了料理家务和照顾两个孩子的责任。经过一年的寻找，恩里克谋得了一份项目经理的全职工作，尽管刚拿了工商管理硕士的学位，他的年薪还是比裁员前少了大约两万美元。一年后，他主动跳槽，从事了一份类似的工作，起薪8万美元，由此弥补了这一损失。又过了两年，他再次跳槽，希望有机会能再度负责拉丁美洲的工程项目。这一次，他跟对方进行了艰难的谈判，这家积极招募他的公司最终同意给他11万美元的年薪，他欣然接受了。

他很喜欢破解项目管理中的难题，还因为在故乡墨西哥摆平了一个很有挑战性的项目而获得了好评。然而，连续数月每周五天的旅居生活开始让他感到疲惫了。他和老板在很多问题上也争执不下，包括他要经常出差，以及老板背弃了将他的工作项目集中在拉丁美洲的承诺（他在2008年把一多半的时间都花在了明尼苏达州的一个项目上）。2009年2月，恩里克和另一名经理正负责着同一个项目，当老板宣布要从他们二人中解雇一人时，恩里克知道自己要出局了。

> 我看出了不祥之兆……我很害怕，被自己会被炒鱿鱼这

件事吓破了胆。我可不想被炒，因为我以前就被炒过，我有14个月没工作，现在的经济算不上很好，所以我不想被炒。我尽全力把我的工作保住了将近8个月，但最后，如果这鞋子不是你的尺码，它就不可能合脚。

恩里克对这次被裁员提供了两种相互矛盾的叙事。他首先把这描述成了一件他唯恐管理层会强加给他的事，他用了8个月力图避免这种可怕的状况出现，但最后没有成功。然而当他把自己的工作比作一只不合脚的鞋子时，语气又大幅度转变了。由这个比喻可知，恩里克将不稳定的就业和失业当成了个人问题，而不是社会问题。他一开始还认为自己是一个在竞争激烈的劳动力市场中参与竞争的工作者，要么保住工作，要么寻找工作，后来则转而把自己表述成了一个正在选购合适商品的个体消费者。

恩里克随即就对自己最初的恐惧嗤之以鼻，他认为这是错的，连裁员也成了一件正面的事，他说："我讨厌我的工作。我该被赶走，因为我已心生恐惧。"他觉得失业也比干一份自己不喜欢的工作要好，这么想的作用就是给自己被裁员一事重新定性：这并不是前雇主（以及更普遍的劳动力市场）否定了他的价值，而是给了他一个机会，可以让他去找一份"合脚"的工作，追求更好的生活品质。这个"合脚"的比喻把恩里克和他的前雇主摆在了平等的位置上，双方都走出了糟糕的处境，但这掩盖了一个事实，那就是恩里克并不是自己走出来的，而是被推出来的。

如此解释（或掩饰）他在面对又一次裁员时的无助感，这不仅是对一件迫不得已的事产生的心理反应，也是职业生涯管理这一更宏大文化逻辑的一部分，这种逻辑既可以让雇主和员工都免受责难，也保全了双方的主导感。

把雇佣当成个人的兼容性问题，也会让雇佣关系的终止变得理所当然——这不可避免，因为恩里克和他的雇主不匹配。当我问到恩里克失业的感受时，他忍不住给我讲了一个邻居的故事：这人得了重病，煎熬了很长一段时间，最近去世了。他借此将失业构想成了一种广义的自然现象。起初我不明白其中的关系，于是请他解释了一下。

> 这就是生活里的二元性之一。我很遗憾［她］死了，但我也情愿［她］解脱了。所以这差不多是一回事……如果你没有做你想做的事，公司没有让你去你想去的地方，你的老板是个混蛋，公司为了生存又不得不做他们必须做的事，那么没错，你死了、被炒了或者诸如此类的事确实很可怕，但这就是其中的一部分。我想这不过就是自然职业周期的一部分。

裁员是"自然职业周期"的一部分，这种信念是职业生涯管理的核心原则之一。然而与死亡不同，裁员并非不可避免。裁员可能会像死亡一样是一场突如其来的悲剧，也可能是一种意料之中的幸事，但这是文化现象，不是自然现象。裁员并不是没有历史性和政治性。在过去的半个世纪里，白领裁员现象的激增正是企业界所做的具体决策的产物，这些决策包括如何赚钱、如何对待员工以及如何管理日益全球化的劳动力等。将裁员表述为自然现象，这本身就是一种具有历史性的现象，它植根于一种特定的新自由主义意识形态，并通过有形的文化传播体系而得以被推广。求职者如此表述时，他们实际上已经付出了代价，那就是丧失了另一些可用来审视和理解自己生活中的事件甚至大千世界的视角。

丢掉了一份自己并不喜欢的工作，这让恩里克松了一口气，但最近这次裁员还是给他的婚姻带来了沉重的压力。恩里克在2003年找到全职工作时，安娜便辞了兼职，开始做从事活动策划的自由职业者。她的业务渐有起色，在2008年挣到了1.5万美元左右。自从恩里克在4个月前被解雇以来，她的收入已经成了全家的主要经济来源。恩里克说他自己的贡献的就是"我那点微薄的劳动者失业保险金"，以及再次承担了照料家务和照顾两个孩子的责任，他们一个11岁，一个8岁。

我真是个令人值得骄傲的爸爸。我给全家人做饭，我要保证这房子在每个人眼里都是干干净净的。我还要保养汽车、管账……我压力小多了，因为安娜有收入了，现在轮到她来养活我们了。如果她没有这份收入，我现在肯定又到外面找工作去了,只要有需要,我会尽全力付月供的。但现在,因为她在工作,我就负责照看孩子和料理家务,同时还要操心很多事,况且我也不是要死了。唯一的问题就是我该怎么告诉我真正的朋友,我不介意当"家庭煮夫",我很介意自己不被人认可。[笑]现在我听起来有点像人家的老婆了,是不是很像一个妻子会说的话?

恩里克在第五章中曾宣称"我们也不是为了搭伙过日子才结婚的……不是我主外她主内",但对于是否要全然接受这种婚姻伙伴的理想,他显然还很矛盾。他为自己做的家务和花在孩子们身上的时间感到骄傲,还强调现在轮到安娜来养家了,然而又以"老婆"自嘲,这既是因为他在料理家务,也是因为他觉得自己的付出不受赏识,这透露出他对自己婚姻中传统性别角色的反转还是颇感不适。恩里克将自己在这段关系中的角色定位为妻子,表明他的男子气概在某种程度上已经因为他的家务之责和无法承担养家者的角色而衰颓了。与此同时,他的笑话也援引了性别成见,将女性劳动受到的系统性贬低视为天经地义,以此巩固他受损的男子气概。这其中的关键就是,一个男人做着不受他人重视的工作会觉得自己没有得到赏识,就会被认为是可笑的;而一个女人抱怨自己的工作无人认可就没什么好笑的。它也表明工作无人认可对女人来说就是一种常态。

恩里克要依赖安娜,他对此心存矛盾,这一点在他们为家庭开支而产生的纠纷中有所体现。在恩里克看来，他比安娜更能适应两人新的职责分工。

> 有时候很难让她给我们［钱］，因为她会说："喂，那是我的钱。"我就会说："嗯，你知道，过去的15年里我也在用我的钱养你们。"

这段引述里充满了对立情绪，揭示了恩里克对妻子"供养"自己怀有极深的矛盾心理。安娜认为她赚的钱就是她的，不属于家庭，而恩里克则对这一预设提出了质疑，但他随即也把自己之前的收入称为"我的钱"。他对现状的描述是想暗示问题出在安娜身上，是她不愿用她挣的钱来支付家庭开支。但恩里克实际上说的是"很难让她给我们钱"，这表明他也一样很难充当这种交易的接受方。

151　　他们在双方的责任和言行上的矛盾，以及经济上的拮据——如今全家的收入还不到恩里克以往薪资的五分之一，将他们的婚姻推到了崩溃的边缘。他们多年来都在做婚姻情感咨询，尽管恩里克依然很爱妻子，但他对他们还能否携手前行已颇感忧虑。他说如果有什么事情能让他们共同生活这么久，那就是经济上的需要——夫妇俩谁都不能单靠个人目前的收入过活。说到自己的婚姻为何有可能走向终结时，他的语气甚至措辞都和他描述自己被裁时如出一辙："我努力、努力、再努力。但真到了那个份上，我也不会再努力了。时候到了，因为鞋子的尺码要是不对，它就不会合脚。"在此，恩里克又一次把一个特定文化和经济环境的产物——离婚的可能，描述成了自然现象。他的婚姻之所以失败，不仅仅是因为不"合脚"，至少在一定程度上也是因为不稳定的就业状况和无常的劳动力市场给这个家庭造成了情感和经济上的压力。两人一起经历了多次裁员、两段漫长的求职期、让安娜左支右绌的几份兼职、恩里克繁重的差旅日程和对工作的不满、安娜的奋力创业，以及用远低于以往的收入来抚养两个孩子并维系家庭的困境，这一切都让他们倍感压力。此外，他们虽在尽力应对两人新的职责分工，但他们所处的文化氛围却鄙视家务和育儿所需的劳动，为其赋予了女性化色彩，还歧视职业女性，同时让人们质疑那些回避有偿工作的男性，尽管这种情况在过去几十年里已有了大幅改善。这不是鞋不合脚的问题，而是这个家庭被这种文化的反复痛击打倒在地了。

恩里克试图将自己的失业和孱弱的婚姻描述为由于不兼容而产生的自然现象，这很让人心酸，却并非孤例。这些现象实际上是一种信仰体系的产物，这种体系推崇个体能动性，也掩盖了更广泛的社会、政治和文化力量对塑造个人生活所起的作用。职业生涯管理对上述求职者的支配力并未减弱，他们给2009年这个多灾多难的劳动力市场中的求职者提供了一些建议，而这种支配力在其中体现得尤为明显。他们的建议是少花钱（亚历克斯），多存钱（恩里克），通过交际推销自己（克雷格），靠创业寻求安稳（迈克），永远不要对一份工作感到自满（丹尼尔和迈克），保持积极乐观的心态（威尔和恩里克），寻找支持性的社团（威尔）。他们也确实提出了一些牵涉更广的社会批评，但往往会把矛头指向抽象的力量，比如贪婪，而不是特定的机构或个人。

在我2009年展开后续访谈之前，芭芭拉·艾伦瑞克也在《洛杉矶时报》（*Los Angeles Times*）上发表了一篇社论，把职业生涯管理这种意识形态（尽管她并未如此称呼）的几乎所有方面都痛斥了一遍。艾伦瑞克指出，把求职重塑为一种新的工作形式，将失业建构得仿佛是在公司上班，让人"打磨'你的个人品牌'"，这只会分散美国失业者的注意力，让他们忽视她眼中那些更重要的工作——"为全民医保而游说，或者读一读有关'失业后备军'的小册子"。[12]不止艾伦瑞克，还有不少人在质问并力图解释美国工人为何没有集体走上街头，或至少没有参加政治和社会组织，以抗议不断加码的裁员、降薪、福利的消失，以及政府资助的不足甚至缺席。[13]

我很想听听失业者的回应，于是就问恩里克对美国工人不上街抗议的看法。

嗯，这是个自由的社会嘛。我们生活在一个自由的国家。你可以要求政府在这方面做点什么……政府是民众的代理人。对我来说，这就是政府。如果所有人都想让政府干预，然后做点什么，那你们就得去提要求。但另一方面，我知道我想要什么，所以我不需要别人告诉我该做什么。

亨利·吉鲁认为反政治是美国文化的特征，但恩里克否定了这一立场，他坚称人民有权通过其政治代理人来实现变革。[14]然而他虽有此见地，却还是区分了"所有人"的需求和他个人的需求，如果说他没有采纳社会批评家宣扬的那些议程或方法就是一种错误或是受了误导，他也会火冒三丈。

我问恩里克他到底想要什么。他怒气冲冲地提高了嗓音，说他希望首席执行官和中层管理人员之间的薪酬能够公平一些。

> 首席财务官、首席执行官或高管，和一般的中层或底层管理者之间的收入必须有一个平衡点。回到咱们父母的时代，一家公司的员工每小时挣2美元，公司的首席执行官每小时挣10美元、15美元、20美元。今天，员工的时薪是5美元或7美元，首席执行官一个小时却挣10万美元，好吧，可能还用不了一个小时……我们得告诉政府，应当公平。这就是政府需要干预的地方。

恩里克确实相信政府在一定程度上能确保人们受到公平的对待，他对这种公平的模式也有自己的展望。例如，他在2009年就支持过奥巴马政府为失业者提供的一项可报销65%的医疗补助，如果没有这笔补助，他说他每个月就要为全家人的医疗保险支付

1500美元。然而上文的引述也表明，即使在批评企业的贪婪和制度不平等的时候，恩里克也是站在中层管理者的立场上的，要知道他现在已经不是中层管理者了，而且几乎没有信心能很快再找到这种工作。

我还询问了其他受访者对失业的美国工作者没有"走上街头"的看法，他们的回答都体现出了职业生涯管理的逻辑，即强调需以个人而非集体的方案来解决失业问题，同时他们将政府对经济的干预视为无效、不必要或有害的举措。威尔·埃里克森就是其中之一，他认为当前危机的严重程度被"政府领导层"夸大了，他们"需要一场危机来证明他们的重要性，让他们的特定计划能够落地，比如银行国有化、汽车公司国有化，以及其他行业的国有化"。威尔在任何情况下都反对政府"接管企业"。他认为加快经济复苏的最好办法就是"不要让街上的人对未来失去希望"。他说失去希望就会引发抑郁，进而导致人们反复失业。他还打算"不再满脑子都想着新闻报道，而是试着只关注我自己的状况，尽可能地维持下去"。威尔将反复失业描述为抑郁的产物，把这个问题定位成了情绪问题，而不是结构问题，甚至不惜刻意地戴上精神眼罩，以屏蔽那些有可能提出相反意见的消息。

威尔相信经济衰退的状况被那些怀有政治目的的人夸大了，其他求职者并不认同这一点，但全都赞成他所说的危机的解决方案取决于个体的美国人。克雷格·默里则认为缺乏公众抗议活动的原因在于美国的失业率比其他很多国家要低，同时也是美国公民的性格使然。

我想我更愿意这么看吧,就是美国人心底里是相当乐观的。比起那些觉得别人要对自己的生计或者成就负责的人,有长久打算的人对自己的境遇当然会有更大的掌控力。我喜欢这么想。这样的回答也许只能代表我的看法,并不能真正反映美国大众的总体情况。

克雷格将乐观主义和自我决定放到了政治行动主义①的对立面。他认为只要人们保持乐观心态,并且愿意为自己负责,那就不会去抗议。就像受聘于企业一样,政治行动主义也由此被表述成了一种依赖心态,意味着公开承认你不能或不愿自力更生。

基思·哈特曼目前的职业和经济状况相对稳定,即便远谈不上理想,但他也和威尔一样反对政府干预经济事务,认为大多数政府计划是无效的,而且成本太高。他相信这也是大多数美国人的看法,但他们眼下都缺乏改变现状的能力或动力。

大多数美国人不知道该怎么做出改变。他们面对着这一切,又确实不知道该怎么搞明白这一切……个人怎么推动

---

① 政治行动主义主张采取有组织的行动,以改善政治和社会状况。其形式包括给媒体写信、向官员请愿、参与政治运动、赞助或抵制某些机构,以及集会、游行、罢工、静坐等示威活动。

变革？我觉得美国人是不知道的。当然我也一样。我觉得情况很可能非得差到一个地步，人们才会说，够了，我不交税了，我不支持这种做法。只有把美国人逼到墙角，我觉得他们才会反击，但这基本就像是把青蛙放到水里，然后慢慢加热到一定程度，让它察觉不到自己正在被煮。我觉得现状肯定就是这样。我觉得这里的人都睡着了。我觉得人们没有意识到情况还能变得有多差，我觉得很多人都不得不承受真正的痛苦。我说的痛苦就是失业、身体不好、受够了必须支持政府和那些奢侈的计划，而且这些计划最终对经济是没好处的。这只是我的看法。我觉得人们在开始反击之前就只能忍受。我想我们还没准备好。

155　　我问基思，作为其中的一分子，他有没有"准备好"。他说："我受够了，但我不知道怎么做才能改变现状。"基思这个温水煮青蛙的比喻有力地呈现了一种特定的变革模式。他所援引的文化逻辑就是，当人们在受苦的时候，只要痛得够狠够久，他们最终就会反击，不过这只是思考变革的众多途径之一。按照这个目的论模型，逃到锅外是不可避免的，塑造动物行为的唯一变量就是它的痛苦程度。

还有一种模型更适于解释美国失业者相对的政治惰性，那就是社会变革只有通过价值观的改变才能发生，要改变人们看待世界及其运作的视角。无论那口锅有多热，只要还没出现重大的意识形态转变，青蛙——在这种情况下就是被解雇的工作者，都依然会纹丝不动。除了对裁员、工作不稳定以及贬斥其技能和经验的劳动力市场所做的个人反应之外，基思和其他的"一人公司"都很难想象出解决方案，因为他们坚守着一种文化逻辑，使得其他选项都变得隐而不现，或至少不可实行。

为了更全面地探讨这一论点，我还要讲一讲最后一位受访者的近况。

在第五章，现年62岁的艾德·唐纳利曾笑称，他一度认为信息技术这份职业会"从摇篮走到坟墓"，他想回到摇篮里。跟他联系后续访谈事宜的时候，我很好奇他有没有实现这个目标。我们在2004年交流过，当时他在一家电子商城打工，时薪10美元，在寻找高科技领域的工作时，他依靠的是妻子的高收入。艾德在电子商城干了四年，这比他预想的时间要长得多。虽然庆幸自己能有一份工作，但不规律的工作时间、僵化的日程安排和不耐烦的顾客最终还是让他有些颓丧。他申请调到离家更近的一家商城去，结果被拒，于是便辞了工作，又回到之前被裁员后工作过的那家小型园艺用品店当一名售货员。他的时薪从10美元降到了8美元（后来涨到了9美元）。他说这是"我一生中经历过的最愉快的减薪。少了2美元，回报就是我的工作时间合理多了，还有一个可以一起干活的老板，我很高兴"。这原本是一份维持生计的兼职，现在却成了艾德希望在退休前的七八年里干的最后一份工作。

尽管这份新工作比较有吸引力，但艾德仍咬紧牙关、缩衣节食，支付各种费用，尽量不动用他的积蓄。虽然艾德的收入可能下降得比较严重，但这是符合一般模式的，那就是年龄较大的工作者在被裁员后会大幅降薪。在经历了20世纪90年代初的经济衰退期之后，55～64岁的工作者的平均工资减少了27%，而25～34岁的工作者的平均工资只减少了7%。在度过了2001年的经济衰退期之后，45～54岁的再就业者的工资减少了23%，而更年轻的工作者的工资只减少了6%。[15]艾德在之前的一次访谈中就曾评论过，他认为年龄歧视在高科技领域尤为普遍，因为成熟往往是与过时相联系的。[16]

雪上加霜的是，艾德没法再依靠配偶的收入了，他和妻子萨拉去年已经分居，而且打算离婚。虽然导致二人婚姻破裂的因素不止一个，但艾德的就业状况确实是其中的关键。"因为我的工作没以前那么好了，而她又找到了很好的工作，"他说，"我觉得我没能尽力为我们的婚姻做出贡献。她说她并不担心这个，但她的态度好像是另一回事。"艾德承认，比萨拉如何看待他更重要的是，他没能找到信息技术方面的工作，这打击了他的自我认知，让他失去了昔日的自信，就像20世纪80年代被淘汰的经理人一样，这个问题也让他备受煎熬："我有什么问题，我怎么就不能像过去那样找一份好工作了？我觉得自己跟过去没什么两样，但别人都认为我不配了。"艾德觉得自己若是多点自信，少点抑郁，那么即便提供不了经济上的帮助，他作为一个情感伴侣或许也能为两人的婚姻出一份力。然而现实就是如此，他觉得自己几乎没什么可以给予的了。

尽管用了很久才想明白，但艾德已经开始认定，软件编程虽仍是他的"梦想工作"，但他永远都没法再从事这行了。他说自己被"困住了"，"我本来有好多事可做，但这都是后见之明。一陷入这种境地，我就无路可走了，所以只能接受。"我问他对此有何感想，艾德说他"认命了"，还"有点生气"。我又问他在生谁的气。

> 我自己、IT行业、整个世界，你懂的。事情不对劲了，你就会生气。不一定有什么理智的原因。令我感到不爽的一点就是我没有预见到这个状况，从而采取一些预防措施。让我尤其恼怒的是那些过去用过我的人现在都不用我了，把我抛弃了。至少在情感上，我觉得我的工作没有给到我充分的回报。

艾德所描述的理智与情感的冲突反映出了阶层下滑的两种解释之争：一种认为这是个人失败的结果，一种认为这是公司抛弃和剥削美国工作者的后果。艾德把第一种奉为"理智的"原因，这就像是上一代白领经理人笃信的精英个人主义的一种改良版。

职业生涯管理哲学与管理文化的精英个人主义哲学虽有重叠之处，但两者间也存在显著的差异。自视为一家"一人公司"

会使得失业、换工作和周期性失业变成一种常态,但以前的职业成功和阶层攀升的模式将这些归为病态。职业生涯管理还鄙视稳定的就业,视之为依赖心态的证明;不稳定的就业记录不再是个人的失败,而是被重构成灵活性和男子气概的凭证。相比于20世纪80年代的经理人,21世纪的求职者不太可能把自己当成独自养家的人,事实上他们也不会充当这个角色,这一转变之所以能够形成,还要归因于双职工家庭如今成了美国白领劳动力中的主流。与几十年前还在白领职业男性中盛行的心态相比,这种同时回避依赖和被依赖的姿态标志着一场重大而意义深远的变革已然来临。

尽管有这些差异,精英个人主义和职业生涯管理还是共享了一个重要的核心信条:个人责任。然而个人要对什么负责?这可能还存在代际分歧,不同时代的白领对精英个人主义的优点也有着极为不同的定义(例如,现代的职业生涯管理者会以策略性跳槽为荣,而以前的经理人则会专注于保住工作)。不过阶层下滑的最终结果——抑郁、失落和自责,看来还是大致相同的,艾德的经历也证明了这一点。

在这种个人主义的框架内,每个工作者都要对自己的职业命运担负全责,艾德只怪自己没有预见到特定的时期有哪些技能需求,并接受相应的再培训(自费)。他保持着职业生涯管理者特有的姿态,对那些不以为然的人嗤之以鼻,嫌他们技术不行还过度索取:"很多人都觉得,好像不管他们会不会干,他们都有权获得一份工作。我觉得这很荒谬。要是你没法做一些能让人付你工资的事,那你就不配拿工资。"拿自己做对比时,艾德也再三宣称他的处境完全是咎由自取。

> 理性上讲,我知道我以前的工作薪酬是不错的,但我没给自己留条后路,这是我的错。站在我的角度上说,工作技能过时是很不幸,但我觉得这是我的错,因为我没发觉它要过时从而与时俱进,不然的话我还可以跳槽,适应和利用当下的知识与技能继续工作。这是我的错,不关别人的事。

失业、阶层下滑以及婚姻和经济上的艰难处境或许很不幸,但艾德还是获得了一些慰藉,而且生出了不止一点的男性自豪感,因为他相信这全都是他自己选择的结果,与他人无关。[17]

然而还有一种方式也可以描述艾德过去十年的经历,一种在艾德看来不理智的方式,但这种方式显然对他产生了强大的吸引力。在这种替代性的叙事中,艾德被逐出高科技职场不仅是一种不幸,而且让人感到恼火和不公。他被"抛弃"了,他的技能、经验和辛勤工作,连带他本人,都被劳动力市场贬得一文不值,这个市场以前用过他,现在却拒绝再给他提供用武之地。在我们一次次的交谈中,尤其是在艾德感到愤怒或失落的时刻,这种替代性的解释都会在他的议论里浮现出来,他一再推开它,认为这是情绪化的、不理智的,一些他能感受到但按照他那种个人主义的自由市场世界观又无法为之辩解的看法。艾德可能不会承认,但他多多少少也是自认为有就业权利的,因此也难免为自己的工作没有得到"充分的回报"而心怀不满,至于工作,只要有机会,他仍愿意重操旧业。

对如何解释自己的困境以及该将其归咎于何处,艾德的内心颇为挣扎,这揭示出将自己视为"一人公司"的危机之所在。这种意识形态确有其回报。在某些方面,职业生涯管理就是一艘救生船,被辞退的科技工作者可以在不稳定就业和长期失业的骇浪中依附其上。把自己看成一家独立的"一人公司",而不是被抛弃的员工,这有助于增强求职者的乐观情绪和自尊感,也为其再就业提供了切实的策略。把稳定的就业形容为愚蠢的、柔弱的依附行为在某种程度上可以抵御意外裁员或长期求职造成的情绪波动。把求职定义为另一种工作,可以让科技工作者在长期缺乏有偿工作的情况下保持一种有弹性的自我价值感和职业价值观。

在务实的层面上,职业生涯管理推荐的具体策略——交际并紧跟行业趋势,在当今的劳动力市场上很有意义。劳动力市场最需要的技能和知识都在迅速更迭,高科技领域尤其如此,再培训虽不是什么灵丹妙药,但总比被淘汰要强。无数的研究都证实了一点,大多数白领的工作是通过各种人脉关系获得的。参加有组织的交际活动不仅是一种求职手段,也能为求职者提供同道情谊、社群和日常的周密安排。这些聚会还能让失业者进行仪式化的自我呈现、公开地展示自己的专业和求职特长、举办模拟企业生活的活动,以此来巩固自己的职业认同。最后,有些科技工作者,如亚历克斯、克雷格、迈克·巴纳德和威尔,他们的过往十年的经历也证实了一点,即便在经济不景气的情况下,个体的能动性和灵活性至少也能暂时为一些员工换来企业式忠诚和长期任职已无法带来的安稳和成功,若配偶有收入就更是如此。

然而,尽管职业生涯管理可以被定义为求职者在暴风雨中紧抓不放的救生船,我们也可以合理地把它想象成一根棍子,在求职者拼命浮游于水面之时,劳动力市场可以拿这根棍子来抽打他们,或者让他们抽打自己。只看一面,不及其余,相当于舍弃了对这些求职者及其耽溺的文化逻辑的更全面的认知。在过去的五年里,我再次采访的这一小群科技工作者共经历了四次裁员和十几次的工作变动,还不包括其间的短期约聘工作。他们的年收入大都减少了数万美元(尽管有些人已经弥补了这些损失),原打算用于子女大学学费和退休开支的储蓄也消耗了不少。一些本希望继续做全职父母的人出于经济上的需要重返职场。另一些人则承受着焦虑、抑郁和惊恐带来的折磨。有三对夫妻不是已经离婚就是即将离婚。对职业生涯管理原则的坚守不仅没能防止这些不幸的发生,在某些情况下还起到推波助澜的作用。

尽管存在一些切实能感受到且往往让人感到痛苦的损失,职业生涯管理付出的终极代价却在于它将这些损失自然化了。恩里克认为失业"不过是自然的职业周期的一部分",艾德则感叹

"一陷入这种境地，我就无路可走了，所以只能接受"。他们把失业构想成了自然的、不可避免的处境，但事实并非如此。劳资间社会契约的瓦解、大规模裁员、全球离岸外包、兼职和约聘工作的扩张、雇主不再提供福利，这都是特定的企业决策和政府政策的产物。对于这些明确的政治和历史性事件的自然化，他们采取了默许的态度，由此也使科技工作者更加"无法默契地共同抵抗那种可能摧毁他们的力量"[18]。这种默许虽形式多样，但其本身都深植于职业生涯管理的逻辑。

这些求职者之所以接受裁员，原因不仅在于他们认为换工作是健康而阳刚的，也在于他们作为"一人公司"，都很骄傲地认同企业对盈亏的绝对优先。他们免除了雇主提供再培训或避免将工作转移到海外的责任，以免被视为他们自己所定义的那些依赖别人的配角，无法在竞争激烈的劳动力市场中自力更生。职业生涯管理否定了所有大于个人的实体的效用，从而掩盖了一个事实，即个体工作者和公司并不是在公平的竞争环境中签订的雇佣合同，他们获取资源的能力是不平等的，而法律也极有利于公司而非个体工作者。这些求职者反对大多数形式的政治行动主义，尤其是工会，用艾德·唐纳利的话说，这是因为他们相信"我自己跟雇主谈判的效果可以比集体谈判更好"[19]。（艾德的个人谈判对他有多大帮助还存在争议。）这些工作者将自己定义为公司而不是员工，顽固地偏向个体能动性而不是集体行动，由此也就将他们的雇主从一代代劳工活动家辛勤创立和维系的雇佣契约中解放了出来。

公司不可能再承担的责任大部分已转嫁到了个体工作者及其家人身上,他们接受了,因为他们也想象不出其他选择。然后他们又凭借伴侣关系、家庭凝聚力和节俭等更宽泛的文化叙事,将这些牺牲重构成了道德成就。离婚和抑郁这对孪生主题贯穿于求职者的叙述之中,表明家庭为应对不稳定的就业和长期失业承担了极大的情感和经济负担。然而乐观的求职者却认为他们始终在自信地从事求职这项艰苦工作,这种叙事没有给他们的情绪留下多少余地,只有偶现的瞬间,他们才会承认自己被自我怀疑、无助和怨恨的情绪所折磨,即使是最坚定的职业生涯管理者也在所难免。在求职者证明其乐观心态和能动性的间隙,这些情绪仍会一次次地流露出来。恩里克被裁员时就"觉得自己像个家具",一想到自己又要被裁就"吓破了胆"。娜塔莉和埃丽卡在咖啡店里哭泣,只因担心爱人会因为她们找不到工作而心生鄙夷。丹尼尔也被瘙痒症的幻痛折磨得死去活来。威尔虽已从事了六年多的全职工作,却还是非常焦虑。亚历克斯拼命地对那些"只欠把屎给揍出来"的顾客保持着耐心。基思则始终无法忘记那个萧索悲凉的圣诞节,就因为他当时没钱给孩子们买礼物。艾德虽然"内心里跟过去没什么两样",却发现越来越难让自己相信"我没问题,是外面的世界变了"。

这些痛苦的时刻在数千万劳动者中无休止地上演着,它们反映了一个日渐不稳定的白领就业体系的真实成本。即使求职者及其家庭在这种沉重的成本负担下举步维艰,他们也依然认定这种状况是不可避免的,他们在寻找应对之法,却并不想改变它。即使在愤怒压倒顺服之心的罕见时刻,也很少有高科技工作者能准确地断定到底该追究什么事件或机构的责任。这些工作者有时会因为自己做出的选择而感到欣慰——接受减薪、转行、节衣缩食、不断交际、承担创业风险,但这也掩盖了他们(实际上是所有工作者)最终会在很大程度上受到自身无法掌控的力量的影响。他们恪守职业生涯管理的原则,使得解释和应对这种处境的其他路径隐而不现。求职文化的灌输也加剧了这种路径的缺失,因为它在奖励进取态度的同时,也压制了质疑之声,对政治行动主义或政治辩论都构成了阻碍。于是求职者们的感受就如基思所言:"面对着这一切,又确实不知道该怎么搞明白这一切。"

在又一个裁员现象泛滥、失业率居高不下的经济危机期,我完成了自己的研究,这是个让人没法高兴的意外。就在我写下这篇后记之时,据说我们也正在见证新自由主义意识形态及其治理模式的垮台,以及干预主义①的经济与社会计划的复兴。带有明显的新自由主义倾向的职业生涯管理可能也正经受着最后的阵痛。然而这些科技工作者的经历表明情况并非如此,还有一些证据也证明了职业生涯管理在美国流行文化中仍具有持续的影响力。例如,艾伦瑞克的社论就点出了各种源头——励志大师、职

---

① 干预主义是一种认为国家应该干预社会经济活动的主张。

业生涯规划师、个人求职者——都在鼓动失业者把求职当成一种工作。与此同时，在全国各地被重构的企业环境中，各种交际小组仍旧在给失业者提供同样的支持和劝导。[20]出版于2008年的《没工作？没问题！》（*No Job? No Prob!*）就向读者保证，如果"你把失业仅仅当成生活中的一个坑，尽管它有可能会让你晃荡个一两分钟，你会发现自己已经处于全局在握的优势地位了"[21]。虽然招聘会的组织者可能会向记者坦承工作机会不多，但在外面排着长队的某个乐观求职者还是宣称："没什么能让我泄气……万事都在于情绪管理，你得训练自己，让自己高兴起来。"[22]由此看来，即便正在发生一场剧变，其进程也是非常缓慢的。

好在历史提供了充分的证据，无论是对工作和工作者进行组织的方式，还是工作者看待裁员的角度，都不是一成不变的。它们是特定的历史、政治和文化轨迹的产物，因此是可以改变的。职业生涯管理本身并不是一种静止的意识形态，它无法彻底排除政治意识。相反，它就是一种与努力工作、个人主义和阶层攀升等美式观念有关的更为悠久的思想史的一部分。只要着眼于这一历史的一个片段，就能看出职业生涯管理不过是凯瑟琳·纽曼在20世纪80年代详述过的管理文化信条的修订版，而这类信条本身就是战后"组织人"心态的意识形态遗存。这些意识形态对个体能动性支配个人职业命运的力量抱有至高无上的信念，但它们在何谓安稳、谁有义务提供安稳的条件以及如何获得这些安稳的条件这些问题的构想上存在着重大差异。它们之间的差异——围绕工作和家庭，围绕依赖与自立的意义等具体的结构和文化上的变化而形成的差异，证明了这些意识形态虽然具有顽强的生命力，但并非一成不变。

当前的经济低迷以及此后数十年必将产生的结构性变化，以崭新的、意义重大的方式塑造着新一代白领的生活。同样可以肯定的是，此后数十年还将见证文化上的各种转变，它们会对这些工作者的工作、家庭和身份认同施加影响。这些变化必定会改变美国人及其家庭所处的文化景观，让他们以不同的眼光来认识世界及自身所处的位置。

然而就目前而言，这些高科技工作者的经历虽不能代表所有美国工作者，但也证明了美国文化更普遍的真相：任何一种意识形态都具有坚韧的弹性，哪怕面对物质上的困局也一样。人们愿意承担诸多的经济和心理负担，以维持自己仍是职业社群中自立的、有价值的一员的感觉；而有偿的工作不论多么不稳定，多么难找，也依然是美国人认识自身及自我核心价值的关键所在。

注　释

序

1. Bureau of Labor Statistics (2009); Dean Baker, quoted in Mishel and Shierholz (2009).
2. Goodman and Healy (2009).
3. 例如，Barley and Kunda (2004); Benner (2002); Darrah (1994 and 2000); English-Lueck (2002); English-Lueck and Saveri (2000); Saxenian (1996)。
4. 说来奇怪，人文和社会科学的学者大都对达拉斯视而不见，除非把那部因J. R. Ewing（虚构角色）而出名的剧集《豪门恩怨》（*Dallas*）所衍生的文化研究文献也算在内。人类学家Robert V. Kemper说达拉斯"或许是国内被研究得最少的大城市"（Ragland 2002），部分原因在于对得克萨斯州的研究往往集中于该市以南300英里处的边境社区（例如，Foley 1990; Hagan 1994; Limón 1991; Madsen 1964）。对这座城市做的历史研究也同样罕见。我向得克萨斯州的一位著名历史学家询问过有关达拉斯的专著，他只能想到两本重要的书，分别出版于1940年和1982年，不过Michael Phillips于2006年出版的《白色大都会：达拉斯的种族、族群和宗教，1841—2001》（*White Metropolis: Race, Ethnicity, and Religion in Dallas, 1841–2001*）给这个书单添入一本重要的新作。

5. 参见 Clifford and Marcus (1989), Sanjek (1990), Van Maanen (1988)。
6. 对这一主题的进一步探讨及其对民族志研究的影响，请参阅 Lane (2010)。

导言

1. "亚历克斯·布罗德斯基"是个化名，本书提及的所有求职者的名字均为化名。我没有拼合人物；我讲到的每个人都是实际的受访者。不过我修改了一些描述性的信息和故事细节，以保护研究参与者的隐私。出于同样的原因，我在书中提到的交际小组和公司也都用了化名。
2. Greenspan (2008: 2, 3).
3. Harvey (2005).例如，Giroux (2008); Hackworth (2006); Klein (2007); Mensah (2008); Ong (2006); Rose (1990, 1999)。
4. Harvey (2005: 3).
5. Collins, di Leonardo, and Williams, eds. (2008).
6. Boyd (2008); Pérez (2008).
7. Xiang (2007). 另见Kipnis（2008）的民族志考察，可知被人类学家当成新自由主义范例来分析的文化和流程为何能在特定的文化环境中得到截然不同的解读，该文以美国的中文教师和华人移民工作者为例。
8. 这里用的术语是"受访者"和"研究参与者"，其他学者可能会用"报道者"（informant）。如此替换术语并不会消除民族志研究中让人心焦的权力关系，也不会抹除研究与描述人类对象的伦理关切。我选择这些术语只是为了让人类学领域以外的读者明白易懂。
9. 在75名受访者中，约30%是女性；80%以上是白人；近11%是日裔、华裔、印度裔或巴基斯坦裔美国人；4%是拉丁裔；3%是非裔美国人。这些数字反映出的种族多样性让我得出了一个结论，我的调查虽不局限于白人科技工作者，但非白人研究参与者的人数太少，就算我竭尽全力也很难进行更广泛的基于种族的分析。未来在这一领域的研究会有一些成果，特别是一项针对几个达拉斯印度裔美国科技工作者的职业小组展开的研究。

10. 参见 Durkheim (1965)。
11. Dudley (1994, 2000); Newman (1988, 1993)。
12. 关于美国人类学研究的详尽概况，可参阅 Spindler and Spindler (1983); 关于美国中产阶级的定性人类学和社会学的最新概况，可参阅 Overbey and Dudley (2000); 关于工作人类学史，可参阅 Baba (1986, 1998), Burawoy (1979b), Forsythe (1999), 以及 Nash (1998)。
13. Ehrenreich (2005).
14. Sennett (1998).
15. Geertz (1973: 14).
16. William H. Whyte（1956）将战后的"组织人"刻画成了一种顺从的人，他们会心甘情愿地将自己的目标和个性置于从属地位，以换取稳定的就业和"归属感"。42年后出版的《谁动了我的奶酪？》（Johnson 1998）则在鼓吹另一种形式的顺从。这本小册子在《纽约时报》的商业畅销书排行榜上保持了五年多的时间，它讲述了一个寓言，其中的四只老鼠在奶酪储备消失后不得不反思自己应对变化和应得权利的态度。这本书鼓动工作者抓住不稳定带来的机会，在众多美国白领工作者中树立了一种文化符号的地位。有些求职者在访谈中也提到了这本书（通常会嘲笑这本书的矫揉造作，却也接受了书中传达的信息）。Thomas Frank讥讽这本书，称其"以惊人的下流语调呼吁人们在市场之神面前保持童真……企图欺骗、压制并解雇批评资方的工作者"（2000: 248–249）。

第一章　硅草原

1. Primeau (1985).

2. "The Crystal Palace Story"（2001）信息集市的宣传册(2001)。
3. Dillon (1985); Goldstein (1995); "The Crystal Palace Story" (2001).
4. Petre (1985).
5. Mitchell (1985a).
6. 分别引自 Sumner (1985: 2C) 与 Bailey (1985: 33A)。
7. Maxwell (2010a); McElhaney and Hazel (2010); Read and Youtie (1994).
8. 达拉斯与其他高科技产业区的不同之处在于，其科技发展不是以某所重点研究型大学为中心——比如硅谷的斯坦福大学、128号公路沿线的麻省理工学院、科研三角园的杜克大学和奥斯汀的得克萨斯大学，而是以周边的公司为中心（Saxenian 1996）。
9. Wysocki (1989); Kelly (1992).
10. Riche, Hecker, and Burgan (1983); Slater (1985).
11. 关于这次衰退的起因和影响，可参阅 Saxenian (1996: 83–104)。
12. 例如，Hurlock (1986); Mitchell (1985a, 1985b, 1987); Petre (1985)。
13. Shelp and Hart (1986: 1).
14. Petersen and Thomas (1995).
15. Bajaj (2000).
16. 例如，Abbate (1999); Cassidy (2002); Hauben and Hauben (1997); Lewis (2001); Mahar (2003); Randall (1997); Segaller (1998)。
17. Atkinson and Gottlieb (2001: 1).
18. Cassidy (2002: 166–181). 关于网络股投资风潮的文化和心理根源，参见 Shiller (2000)。
19. Hoffman (1998).
20. Habal (2000).
21. Habal (2000: 74).
22. Carson (2001); Maxwell (2010b). 另见 Govenar and Brakefield (1998)。
23. Gladwell (2000). 关于互联网公司的独特管理风格和企业文化以及此前的高科技企业，可参见 Marshall (2001), Ross (2003), 以及 Saxenian (1996: 50–57)。

24. 随着互联网的发展，达拉斯—沃思堡国际机场的建成也再次推动了达拉斯的科技发展。70%的电子商务买卖要依赖快递，这使得达拉斯的中心区位条件对互联网公司具有很大的吸引力 (Kotkin 2000)。
25. Lowenstein (2004: 159).
26. Oppel (2001).
27. 想更为详细地了解这场电信业泡沫，可参见 Lowenstein (2004: 127–226)。
28. Lowenstein (2004: 149–150).
29. 电信业高管们对这个问题有不同的看法，他们吹嘘说"我们最多用到了国内主干容量的五分之一"，还乐观地宣称"不管有多少带宽可用，总会有人用的"(Lowenstein 2004: 150, 152)。
30. Cassidy (2002: 314).
31. Conlin (2001); Stevens (2001); Warner (2001).
32. Cassidy (2002: 301).
33. Gale and Palfini (2001: 72); Howe (2002);《大学研究显示该地区失去了百分之三十的研究岗位》(*University Study Shows Area Has Lost 30 Percent of Tech Jobs*, 2004); 劳工统计局（Bureau of Labor Statistics, 2010a）。
34. 2001年，得克萨斯州的科技岗位流失量名列全国前茅，在接下来的三年里也排名第二，仅次于加利福尼亚州。2005年，得克萨斯州的高科技就业人数再次回升，这一趋势一直持续到2008年，当年该州的高科技岗位数量又开始回落 (TechAmerica 2009)。
35. 本段的统计数据来自 Bajaj and Harrison (2001); Godinez (2002); Oppel (2001);《圣克拉拉和达拉斯两县就业率下降居全国之首》(*Santa Clara, Dallas Counties Lead Nation in Employment Decline*) (2003); *University Study* (2004)。很难比较这些来源各异的统计数据，因为有些统计的是失业人数，有些统计的是净失业人数，后者考虑了同一时期出现的新工作岗位。此外，各数据来源对达拉斯地区的界定也各不相同，不过该地区通常包括科林、达拉斯、德尔塔、丹顿、埃利斯、亨特、考夫曼和罗克沃尔。
36. Schwartz (2003).
37. Economic Policy Institute (2004).
38. McGill (2002).
39. Bajaj and Harrison (2001); Housewright and Farwell (2003).
40. 尽管及时从办公楼转换成了数据存储区，信息集市的入驻率在2005年前后也回落了。2007年通过止赎获得这栋建筑所有权的投资者又让信息集市回归到了承租的模式（不再是数据存储）（Brown 2007）。

第二章　一人公司

1. English-Lueck (2002), Marschall (2001) 和 Ross (2003) 在更为繁荣的20世纪90年代末采访过一些高科技工作者，他们也对企业忠诚的观念不屑一顾，并表示愿意在出现更有趣的选择或更高工资的情况下跳槽。
2. Sennett (1998).
3. 恩里克用婚姻来类比雇佣关系，这一点我在后记中还会再度探讨，因为他对最近一次裁员和最近的夫妻矛盾也做了类似的类比。
4. Dudley (1994); Doukas (2003); Nash (1989); Moore (1990). 关于美国就业日益不稳定的起源及其影响，另见 Uchitelle (2006)。
5. Schwartz (2003).
6. 尽管始于2007年的经济衰退期已于2009年6月正式结束，但一年多后，经济增长依然十分缓慢，失业率仍旧居高不下。
7. Mishel, Bernstein, and Boushey (2003); Stettner and Wenger (2003); Shierholz and Mishel (2009).
8. 关于硅谷高科技产业中的灵活工作和雇佣关系的全面研究，可参见 Benner (2002) 和 Barley and Kunda (2004)。关于弹性工作安排的兴起及影响，另见 Atkinson and Meager (1986a, 1986b); Bradley et al. (2000: 51–70); Gordon (1996); Harvey (1990); Pink (2001); Piore and Sabel (1984);

Standing (2002)。

9. Dudley (1994: 177)。
10. Newman (1988: 42-94). 这绝不是美国历史中的新动态，Bakke那几部研究"大萧条"时期的名作（1934，1940）就曾指出，将自己的处境归咎于自己，这是失业者自尊的最后庇护所。
11. Joint Venture: Silicon Valley Network (1999: 10); Bureau of Labor Statistics (2002); "The Future of Work"(2000: 90)。
12. 对"风险如何成为大众日常生活的必然"展开的更为全面的探讨，可参见 Sennett (1998: 80)。
13. 1996年的一项民意调查发现，从未被裁员的员工当中有66%的人认为公司对员工的忠诚度比十年前要低，有55%的人表示员工对雇主的忠诚度比十年前要低（New York Times 1996: 294）。
14. 对企业忠诚的消亡和终身雇佣模式的衰落所做的历史和统计分析，可参见 Benner (2002: 20); Boyett and Conn (1992); Cappelli (1999); Heckscher (1995); Moore (1996);《纽约时报》(1996); Osterman (1996, 1999)。
15. 迈克提到的这本书是《媒体实验室：在麻省理工学院创造未来》（The Media Lab: Inventing the Future at M.I.T），Stewart Brand (1988)。
16. 本项调研中关于求职者的数据要略高于另一项针对达拉斯北部的失业高科技工作者的调研数据，后者发现有46.6%的受访者经历过一次以上的裁员（Virick 2003）。这种差异可能要归因于我的受访者招募方式。以前被裁过的人往往很看重交际，我在他们都会参加的那类活动上招募了很多受访者。与第一次经历裁员的人相比，有过多次裁员经历的求职者或许能更放松地谈论裁员和失业话题。
17. Dixon and Van Horn (2003)。
18. Virick (2004)。
19. Ross (2003: 218)。
20. 已有详细的记录可以呈现出X世代（大体是1965—1979年出生的人）和Y世代（大体是1980—2000年出生的人）对频繁更换工作和

不信任长期工作的偏好（例如，Connelly 2003; Feldman 2000; Tulgan 2003: 6-7）。然而，18~29岁的工作者中虽有近半数人（48%）认为自己或某个家人会在未来3~5年内被裁员，但这一数字并没比30~49岁的工作者（41%）高出多少，甚至略低于前三年曾被裁员的所有年龄段的工作者中的比例（50%）（Dixon and Van Horn 2003: 10）。

21. Mike引用了Shoshana Zuboff出版于1988年的《智能机器时代》（*In the Age of the Smart Machine*）里的话，他向我推荐了这本书。Zuboff在书中指出，由于电脑的使用率越来越高，对传统的管理角色也需要重新审视。

22. 在本书中，我所用的"职业生涯管理者"一词不仅是指本项调研中的求职者，虽然他们在我们的讨论中多少都提到了这一意识形态的某些方面，但我也指支持这种就业观的其他工作者和管理专家。

23. 从这个意义上说，职业生涯管理的信条很像Barley和Kunda（Barley and Kunda, 2004）在20世纪90年代末的硅谷采访过的独立约聘人的观点和策略。Barley和Kunda的访谈对象跟我的访谈对象主要有三个区别：首先，在Barley和Kunda的研究中，大多数约聘人都是有意识地决定致力于合同工作，而不是永久职位，但我的很多访谈对象虽接受了合同工作，却有可能更喜欢长期职位。其次，正如Barley和Kunda在其后记中指出的，20世纪90年代末的经济欣欣向荣，失业率很低，高科技领域尤其如此，于是便造就了高科技专长的卖方市场，而21世纪头几年的求职者面临的劳动力市场显然要黯淡得多。最后或许也是最重要的一点，就是我的这项调研中的工作者主张将一切工作都视为约聘工和临时工，至少理论上是这样。而Barley和Kunda的访谈对象仍然区分了约聘工作和永久职位，尽管有时会比较含糊。

24. Barley和Kunda（2004: 264-284）记录了独立约聘人建立、维护和利用其职业人脉的方式，并证明了这一形式的社会资本对保障高科技行业的就业有多么关键，特别是临时性就业。

25. Cappelli (1999: 32).

26. Wallulis (1998: 8).
27. Goffman (1961: 127–169).
28. Dudley (2000: 8).
29. Barley (1989: 56). Kathryn Dudley让我注意到了这种相似性,并指出了科技工作者所处的行业与他们的世界观之间的关联。
30. Marschall (2001: 121–122).
31. 最近对被裁员的美国蓝领工作者展开的民族志研究表明,并不是只有白领工作者认为独立的约聘工作是自主与安稳之源。在Broughton和Walton的研究中(Broughton and Walton, 2006),一名被美泰克公司裁员的装配工希望能学完计算机课程,因为他认为"这能让我多几分独立性,这样的话我不依赖任何人也能找到工作了。我会成为自己的顾问。我会在计算机行业工作,我会成为自己的主管"。
32. Spherion Emerging Workforce Study (2003).
33. Kunda and Van Maanen (1999: 74).
34. Davis (2000).
35. Hall (1976).
36. Kunda and Van Maanen (1999: 73).
37. 人类学家Bishop和Foley在1992年颇有预见性地指出,由于这种声明重塑了"雇主和雇员之间的初步认知,工作稳定性这一职场问题应该也要逐渐退隐了"(1992: 14)。
38. Hall and Mirvis (1995: 326).
39. Ross (2003: 17).
40. 参见Ehrenreich (2009)和Kipnis (2008)。
41. 参见Barley and Kunda (2004: 22)和Pink (2001)。
42. Giroux (2001: 2). Thomas Frank也提出了类似的论点,但他将批评经济不再成为合理的社会议题归咎于美国政治保守主义的兴起(2004: 128–129, 242)。
43. 一些人类学家和社会科学家研究了离岸外包关系中另一端的民众和文化,例如,Balakrishnan (2001); Freeman (2000); Krishnamurthy

(2004); Sonntag (2004); Xiang (2007)。

44. Sirohi (2004). 关于求职者对离岸外包、全球化的态度的延伸讨论，参见Chet (2005)。
45. 感谢Jean-Christophe Agnew让我注意到了这一点。
46. Reich (1991: 177).
47. Hannerz (1996: 84).
48. 参见 Dudley (1994: 73-83; 2000: 85-102)。
49. Talent (2007).
50. Osterman（1999）概述了政府和社区为扶持流动型劳动力可能采取的各种形式。
51. Harrington (2001: 2).
52. Kunda and Van Maanen (1999: 75).

第三章 最难的工作

1. Barley和Kunda（2004）概述了高科技行业中独立约聘的优缺点。
2. 对失业者心理研究的杰出概述和评论，可参见 Ezzy (2001)。
3. Newman (1988: 93); Turner (1969).
4. 关于定义和维持这种界限的文化需要，可参见 Mary Douglas经典的 *Purity and Danger* (1966)。
5. 基思在这里指的是为求职者组织的交际活动，这也是第四章的主题。
6. Kübler-Ross (1969).
7. Bureau of Labor Statistics (2004).
8. Field (2002); Stettner and Wenger (2003).
9. Challenger, Gray & Christmas (2009). 像大多数对失业人数的估算一样，这些数字不包括"自暴自弃的工作者"（discouraged workers），也就是那些仍然失业但已经不再积极求职的人。例如，2010年6月，美国官方公布的1460万失业者中就没有计入120多万被归为"自暴自弃者"的失业人群（Bureau of Labor Statistics 2010b）。
10. Blanton (2003).
11. Virick (2004).
12. 关于长期就业的影响，参见 Briar (1978)。
13. Newman (1988: 18).
14. Cappelli (2001: 139–146); Marschall (2001: 121–124).
15. Pew Internet Project (2002).
16. Noguchi (2009).
17. Bolles (2003); Ligos (2003: 1). 由于其高人气和低效率，招聘网站也成了之前那些技术含量较低的招聘广告的翻版（Mangum 1982: 36）。
18. 例如，Burawoy (1979a); Dudley (1994: 118–126); Harris (1987); Lamphere (1979)。
19. Goffman (1959: 164–165).
20. 尽管这样的简历写作服务确实存在，并且在Barbara Ehrenreich（2005）调查白领求职状况的著作中受到了尖锐批评，但无论是恩里克还是我见过的其他求职者都没有用过这样的服务。他们会请朋友和其他求职者帮忙，同时接受很多交际活动和招聘会上提供的免费简历审核服务（通常也由求职者把关）。
21. 关于这种"工作者自身即技能包"（worker-self-as-skills-bundle）的论述模式在美国的历史，及其通过网络营销技能相关的产品和服务而得以传播的情况，可参见 Urciuoli (2008)。
22. Dunn（2004）曾用一个相关的术语"自身的创业者"（entrepreneurs of themselves）来描述美国管理者试图强加给后社会主义时代的波兰工人的自我意象。
23. Marschall (2001: 1–5)。
24. 类似的论点可参阅 Ehrenreich (2005: 234) 和 Sennett (1998)。

第四章　失业期间的仪式

1. Newman (1988: 52, 56–60); Torres (1996).
2. Milgram (1974).
3. Milgram (1967). 对米尔格兰姆在人际关系方面的研究以及后人在其中发现的缺陷所做的一流综述，可参见 Watts (2003: 37–39, 130–134)。
4. Granovetter (1973; 1995〔1974〕)。
5. Azrin and Besalel (1980: 107–111); Bolles (2003); Carbasho (2002); Feldman and Klaas (2002: 182); Fernandez, Castilla, and Moore (2000); Granovetter (1995); Harrington (2002: 160); Mangum (1982: 51, 70).
6. Fitzgerald (2003).
7. Breen (1997: 8); Licht (1988: 23).
8. Kaufman (1982: 169).
9. Forty Plus of New York (2010). Newman（1988: 42–94）和Ehrenreich（2005: 41–51）细致地描述了"40+俱乐部"的活动。虽然"40+俱乐部"的活动在此类活动中是开先河者，但对职业俱乐部的历史感兴趣的人也不应忽视Nathan Azrin的工作。1970年，行为心理学家Azrin显然对"40+俱乐部"及其运作方法还毫不知情，他开创并推广了一种用来求职的"工作俱乐部方法"（Job Club Method）。Azrin在伊利诺伊州心理健康部门为心理失常的患者传授职业技能时注意到，这些患者在完成培训后依然找不到工作。Azrin对人们的求职方式进行了广泛的研究（他的结论是Granovetter那一结论的先声），他将行为心理学应用到了求职过程中，最终设计了一个类似于"40+俱乐部"的项目，涵盖了激励程序、书面材料、设备齐全的办公设施和密集的日常指导。他的项目被广泛地应用于州和联邦政府的求职计划之中，包括劳工部的一些计划。Azrin后来还为其他行为领域设计了一些治疗程序，包括"48小时或更短时间内的如厕训练"（potty training in 48-hours or less）。参见 Azrin et al. (1980: 137); Azrin and Besalel (1980, 1982); Jones and Azrin (1973); Wax (1976: 25)。

10. Hansen (2003).
11. Bakke (1934); Briar (1978: 47); Granovetter (1995: 136); Newman (1988: 54, 58–9).
12. Ehrenreich (2005).
13. Byrne (1999); Stein (2000).
14. Mangum (1982: 68–69).
15. Cnaan (1999).
16. Robinson (2002). 2009年的一项调查发现，近三分之一的新教教会已经或正在考虑为失业者发起一些项目（Michelsen 2009）。
17. 1996–1997 Texas Almanac (1995: 325); Kosmin and Lachman (1993: 83).
18. Gilbreath (2002). 达拉斯的教会大多是浸礼会、卫理公会、天主教会或基督教会。
19. Postrel (2002).
20. Drentea (1998); Granovetter (1995: 133); Huffman and Torres (2002); Mangum (1982: 40–43); McPherson and Smith–Lovin (1982); Torres and Huffman (2002).
21. BrainBench (2009).
22. "显然，即使在这片个人主义的土地上，独立也需要相互依赖"，Barley和Kunda（2004: 221）写道。
23. Dudley (1996). 在小心平衡集体依赖和个人责任方面，科技网的氛围与Dudley对汽车厂工人的研究著作中描述的车间文化颇为相似（1994: 110–115）。
24. 这种倾向并非失业的科技工作者所独有，对各行各业的专业人士们来说，这都是一种典型的自我呈现模式。"工作社会学家一再表明，律师、科学家、警察、木工、机械师、会计师和其他行业的成员构建身份认同并安排自身事务的基础不仅在于雇主或其服务的市场，也在于他们的职业背景。你要问一名医生靠什么为生，她肯定会先说自己的专业，而不是她在给凯撒医疗集团（Kaiser Permanente）打工。"（Barley and Kunda 2004: 26）。

25. Geertz (1973: 448).
26. Layne (2000: 503).
27. Malinowski (1948).
28. Layne (2000: 502).
29. Malinowski (1948).
30. Smith（2001: 145-150）在20世纪90年代末研究过求职俱乐部，她在其中也发现了类似的对陷入"可怜洞"（Pity Pit）的员工的谴责。
31. Kunda and Van Maanen (1999: 75).
32. Smith (2001: 154).

第五章　靠妻子养家的男人

1. 在达拉斯及其周边地区，超过四分之三的被裁员的科技工作者的储蓄账户在失业期间大幅缩水，大多数人也减少了支出（Virick 2004）。
2. 和我谈过的很多求职者都赞成那些热门的金融专家的观点，他们认为如今每个家庭都需要保留一个储蓄"缓冲垫"，以防失业或财务危机（在有组织的交际和求职活动中，这也是演讲者的老生常谈）。求职者和专家在这笔应急基金的确切数额上存在分歧，但大多数人建议至少要储蓄相当于6～12个月的收入或生活费。
3. Newman (1988: 124-128).
4. Konrad (2002); Mahler (2003); Muldoon (2002).
5. Newman (1988: 72).
6. Mahoney (1995).
7. Warren and Tyagi (2003). 对双收入家庭的效力和成功所持的相反观点，参见 Barnett and River（1996）。
8. Virick (2003); Bureau of Labor Statistics (2008: 2). 这些统计数据不能直接比较，达拉斯的研究只公布了与另一个有收入的人同居的求职者在全体求职者（包括未婚者）中的比例。全国范围内，在配偶一方失去工作的夫妇中，另一方仍在职的占83%（Bureau of Labor Statistics 2008: 1）。在有18岁以下子女的夫妇中，双职工家庭占62%，在没有18岁以下子女的夫妇中，双职工家庭占52%。现在只有30%的有子女夫妇（他们本身在今日的美国家庭中已是少数）符合日渐被误冠以"传统"之名的那种模式，即父亲有工作，母亲没有工作（Bureau of Labor Statistics 2008: 2）。对于无子女的夫妇，或者子女都已年满18岁的夫妇，这一比例降到了52%。关于1940年以来双职工家庭百分比的统计数据，参见 Hayghe (1990: 16-17)。以上统计数据都特指合法结婚的夫妇。在这一章里，我还考虑到了未婚情侣在长期伴侣关系中的体会。这些伴侣都是异性恋，因为在我的75名受访者中，没有一人在失业时处于长期的同性恋关系之中。本文讲述的失业男女的经历是否不同于有伴侣的男女同性恋者，这点还有待研究。由于本章关注的是双职工家庭，所以也没谈到单身男女的经历，对他们来说，依赖配偶的收入并不是一个可选项。

9. 与Potuchek（1997: 119）谈到的丈夫们不同，本项调研中的求职者并没有贬低或挑剔妻子的劳动参与。
10. Virick (2003).
11. Peck (2010: 52).
12. Potuchek (1997).
13. 例如，Townsend（2002）就完全是在工薪阶层和中下阶层男性中展开研究的，这或许能解释为什么他在1989—1992年研究发现的男性养家模式比我在中上阶层男性中发现的更为传统。
14. See Hochschild (1989).
15. Townsend (2002: 10).
16. Komarovsky (1940: 74).
17. Newman (1988: 140).
18. Townsend (2002: 117).
19. Bederman (1995: 11).
20. Newman指出，父亲被裁员的孩子里有很多都对恰当的男女两性角色采取了更"进步"的立场（1988: 117-119）。等到这些孩子成年并组建自己的家庭以后，他们也常常会把危机中的养家之责归于夫妻双方。失业男性的女儿成年后尤其有可能排斥女性依赖男性的想法，同时会寻求自己的职业和经济保障。对于男性养家这种理想消亡的原因和历程，史学家们众说纷纭，但大多都认同这已不再是美国男性的主流理想。Barbara Ehrenreich（1983）认为"养家伦理"在20世纪70年代的松垮涣散是因为男性自私地放弃了养家的角色。相比之下，Michael Kimmel则认为这一转变出现得较晚，他指出是女权主义运动的成功为那些寻求将男性从传统男子气概的枷锁中解放出来的"男性解放者"提供了一种政治模板（1996: 261-290）。

21. Peck (2010).
22. 其他人类学家也发现，在失业和处于不稳定就业状态的美国蓝领男性中也出现了类似的转变，尽管不尽相同。在他们看来，"对性别分工的严格解释实际上已被证明与单个家庭的生存不相容了"（Broughton and Walton 2006: 5）。
23. 在我的研究中，只有为数不多的单身女性没法依靠伴侣的收入生活。其中有些人会抱怨已婚女性"抢走"了更需要工作的单身女性的机会。有趣的是，未婚女性都没有如此批评有在职配偶的男性求职者。
24. 比如，可以想想2003年Lisa Belkin的那篇关于常春藤名校毕业的女性离开职场后全职照顾家庭和孩子的文章[①]所引发的愤怒。
25. 这与项飙在2007年对印度IT工作者参与全球"猎身"体系所做的民族志研究中的发现有惊人的相似之处（全球"猎身"体系是一种全球的劳动力管理体系，其中的科技工作者会为了完成项目合约而迁徙）。项飙证明了所谓去疆域化的、不受约束的新经济的灵活性在很大程度上取决于世俗的、绝不抽象的现实，比如复兴的印度陪嫁

---

① 即2003年11月26日发表在《纽约时报》上的《退出革命》（The Opt-Out Revolution）。

制度。项飙还发现，妻子的收入为试图启动自己的"猎身"生意的印度创业型IT工作者提供了一个重要的安稳之源。有一名这样的企业主解释道："家里需要一些稳定的收入。否则对我们来说太可怕了"（2007: 55–56）。因此，尽管印度IT工作者会积极地用灵活、全球化和自主来定义自身及其行业，但他们都依赖于双职工家庭的结构，以及配偶的明显缺乏灵活性的工作（通常是公务员）。

后　记

1. Kolbert (2010: 73); Peck (2010).
2. Mark Zandi, 转引自 Associated Press（2009）。
3. 例如，Mishel and Shierholz（2009）。
4. 2010年3月，记者Michael Winerip做过类似的工作，他重新采访了一年前在招聘会上见到的16名求职者。他掌握的最新情况——大多是50岁以上的工作者的境况，也呼应了我的发现，尽管有些被裁的工作者已经发迹，但大多数人仍在失业或不充分就业的困境之中挣扎。
5. Couch and Placzek (2010); Couch, Jolly, and Placzek (2009: 1).
6. Virick (2004).
7. 至2009年，"就某些雇主看来"，尤其是在高科技领域的雇主眼里，在领英等职业社交网站上没有一份个人资料已"不仅是一种重大疏失，也是求职者彻底落伍的标志"（Noguchi 2009）。
8. 参见 Gusterson and Besteman（2009）。
9. Newman (1988: 277).
10. 我听说一个颇受欢迎的高科技界酒吧聚会活动的创始人把这个团体的领导权移交给了一位朋友，他搬到了南边两小时车程的地方，在那儿和父母一起经营了一个家庭农场。他现在把自己的技术都用在了维护农场的网站上，网站上有猪、羊和鸡出售。
11. Tech America (2009).

12. Ehrenreich (2009).
13. 例如，Greenhouse（2009）and Venkatesh（2009）。
14. Giroux (2001).
15. Winerip（2010：16）.例如，Weinberg（1998）。
16. 例如，Weinberg（1998）。
17. Newman（1988: 233）更全面地概述了为自己的阶层下滑负责所换来的补偿性回报。
18. Dudley (2000: 165).
19. Smith（2001: 172）和Wacquant（2002: 1517-1518）也指出，职业生涯管理等个人主义意识形态与有组织的劳工运动不能相容。
20. Luo (2009).
21. Nigro (2008: 3-4).
22. Clines (2009).

参考文献

1996-1997 Texas Almanac. 1995. Dallas: Dallas Morning News.
Abbate, Janet. 1999. *Inventing the Internet.* Cambridge, MA: MIT Press.
Adler, Rachel H. 2004. *Yucatecans in Dallas, Texas: Breaching the Border, Bridging the Distance.* Boston: Pearson Allyn and Bacon.
Alexander, Karen. 2003. "Unemployed Discover They Must 'Use It or Lose It.' " *Taipei Times*, September 14.
Applebaum, Herbert. 1981. *Royal Blue: The Culture of Construction Workers.* New York: Holt, Rinehart, and Winston.
Associated Press. 2009. "Uh, Oh, Higher Jobless Rates Could Be The New Normal." *Daily News*, October 19.
Atkinson, John, Nigel Meager. 1986a. *New Forms of Work Organisation.* Brighton, England: Institute for Employment Studies.
———. 1986b. *Changing Work Patterns: How Companies Achieve Flexibility to Meet New Needs.* London: National Economic Development Office.
Atkinson, Robert, Paul Gottlieb. 2001. *The Metropolitan New Economy Index.* Washington D.C.: Progressive Policy Institute.
Azrin, Nathan H., Victoria A. Besalel. 1982. *Finding a Job.* Berkeley: Ten Speed Press.
———. 1980. *Job Club Counselor's Manual: A Behavioral Approach to Vocational Counseling.* Baltimore: University Park Press.
Azrin, Nathan H., R. A. Philip, P. Thienese–Hontos, and Victoria A. Besalel. 1980. "Comparative Evaluation of the Job Club Program with Welfare Recipients." *Journal of Vocational Behavior* 16: 133–145.

Baba, Marietta L. 1998. "The Anthropology of Work in the Fortune 1000: A Critical Perspective." *Anthropology of Work Review* 18, no. 4: 17–28.
———. 1986. *Business and Industrial Anthropology: An Overview.* Washington D.C.: American Anthropological Association.
Bailey, Brad. 1985. "Infomart: Where the Future Is Present." *Dallas Morning News*, May 12.
Bajaj, Vikas. 2000. "Federal Panel Targets Shortage of Tech Workers." *Dallas Morning News*, February 25.
Bajaj, Vikas, Crayton Harrison. 2001. "With 7,000 Lost Tech Jobs, Area Economy Feels Pinch." *Dallas Morning News*, July 20.
Bakke, E. Wight. 1940. *The Unemployed Worker.* New Haven, CT: Yale University Press.
———. 1934. *The Unemployed Man.* New York: E.P. Dutton and Co.
Balakrishnan, Radhika, ed. 2001. *Hidden Assembly Line: Gender Dynamics of Subcontracted Work in a Global Economy.* Bloomfield, CT: Kumarian Press.
Barley, Stephen R. 1989. "Careers, Identities, and Institution: The Legacy of the Chicago School of Sociology" *Handbook of Career Theory.* Cambridge: Cambridge University Press.
Barley, Stephen R., Gideon Kunda. 2004. *Gurus, Hired Guns, and Warm Bodies: Itinerant Experts in a Knowledge Economy.* Princeton, NJ: Princeton University Press.
Barnett, Rosalind C., Caryl River. 1996. *She Works, He Works: How Two-Income Families are Happy, Healthy, and Thriving.* Cambridge: MA: Harvard University Press.
Bederman, Gail. 1995. *Manliness and Civilization: A Cultural History of Gender and Race in the United States, 1880–1917.* Chicago: University of Chicago Press.
Belkin, Lisa. 2003. "The Opt-Out Revolution." *New York Times*, October 26.
Benner, Chris. 2002. *Work in the New Economy: Flexible Labor Markets in Silicon Valley.* Oxford, UK: Blackwell.
Bishop, Ralph J., Peter Foley. 1992. "Job Security and Other Jokes: Employee Comments on a Broken Social Contract." *Anthropology of Work Review* 13, no. 2–3: 12–15.
Blanton, Kimberly. 2003. "Technical Knockout." *Boston Globe*, March 9.

Bolles, Richard. 2003. *What Color Is Your Parachute?: A Practical Manual for Job- Hunters and Career Changers*. New York: Ten Speed Press.
Boyd, Michelle R. 2008. "Integration and the Collapse of Black Social Capital: Nostalgia and Narrative in the Neoliberal City." *New Landscapes of Inequality: Neoliberalism and the Erosion of Democracy in America*. Santa Fe, NM: School of American Research Press.
Boyett, Joseph H., Henry P. Conn. 1992. *Workplace 2000: The Revolution Shaping American Business*. New York: Plume.
Bradley, Harriet, Mark Erickson, Carol Stephenson, Steve Williams. 2000. *Myths at Work*. Cambridge, England: Polity.
Brand, Stewart. 1988. *The Media Lab: Inventing the Future at M.I.T.* New York: Penguin.
BrainBench. 2009. "Predicting Employee Success." BrainBench. http://www.brain bench.com/xml/bb/business/hiring/hireemployees.xml (accessed February 14, 2009).
Braverman, Harry. 1975. *Labor and Monopoly Capital: The Degradation of Work in the Twentieth Century*. New York: Monthly Review Press.
Breen, William J. 1997. *Labor Market Politics and the Great War: The Department of Labor, the States, and the First U.S. Employment Service: 1907–1933*. Kent, Ohio: Kent State University Press.
Briar, Kathleen H. 1978. *The Effect of Long-Term Unemployment on Workers and Their Families*. San Francisco: R&E Research Associates.
Broughton, Chad, Tom Walton. 2006. "Downsizing Masculinity: Gender, Family, and Fatherhood in Postindustrial America." *Anthropology of Work Review* 27, no. 1: 1–11.
Brown, Steve. 2007. "New Owner Filling Infomart." *Dallas Morning News*. http:// www.dallasnews.com/sharedcontent/dws/bus/columnists/sbrown/stories/082407dn busrecol.361189c.html (accessed March 26, 2010).
Burawoy, Michael. 1979. *Manufacturing Consent: Changes in the Labor Process under Monopoly Capitalism*. Chicago: University of Chicago Press.
———. 1979b. "The Anthropology of Industrial Work." *Annual Review of Anthropology* 8: 231–266.
Bureau of Labor Statistics. 2010. *Current Employment Statistics Survey*. http:// data.bls.gov/PDQ/servlet/SurveyOutputServlet?series_

id=CES5051700001&data_ tool=XGtable (data extracted March 26, 2010).
———. 2010. "The Employment Situation: June 2010." http://www.bls.gov/news.release/ empsit.nr0.htm (accessed July 26, 2010).
———. 2009. "The Employment Situation: May 2009." http:// www.bls.gov/news.release/empsit.nr0.htm (accessed June 22, 2009).
———. 2008. "Employment Characteristics of Families in 2007." Washington, DC: U.S. Department of Labor.
———. 2004. "Employment Characteristics of Families in 2003." Washington, DC: U.S. Department of Labor.
———. 2002. "Numbers of Jobs Held, Labor Market Activity, and Earnings Growth among Younger Baby Boomers: Results from More Than Two Decades of a Longitudinal Survey." BLS Press Release, August 27. http://www.bls.gov/news.release/ nlsoy.nr0.htm (accessed March 27, 2010).
Byrne, David. 1999. "The Search for the Young and Gifted." *Business Week*, October 4: 108.
Cappelli, Peter. 1999. *The New Deal at Work: Managing the Market-Driven Workplace*. Boston: Harvard Business School Press.
Carbasho, Tracy. 2002. "Job Seekers Who Continue to Network, Hone Skills Will Make Lasting Impressions." *Pittsburgh Business Times*, June 24.
Carson, L. M. Kit. 2001. "Deep_Ellum.Com." *D Magazine: Special Edition: eDallas*, July: 75–79.
Cassidy, John. 2002. *Dot.Con: The Greatest Story Ever Sold*. New York: HarperCollins.
Challenger, Gray, Christmas. 2009. "More on White-Collar Job Loss." @ *Work*, October 6. http://challengeratworkblog.blogspot.com/2009/10/more-on-white-collar-jobloss. html (accessed March 26, 2010).
Chet, Carrie Lane. 2005. "Like Exporting Baseball to Japan: U.S. Tech Workers Respond to Offshoring." *Anthropology of Work Review* 25: 18–26.
Clifford, James, George Marcus. 1989. *Writing Culture: The Poetics and Politics of Ethnography*. Berkeley: University of California Press.
Clines, Francis X. 2009. "Are They Depressed? Nowhere Near." *New York Times*, March 15.
Cnaan, Ram A., Robert J. Wineburg, Stephanie C. Boddie. 1999. *The Newer Deal: Social Work and Religion in Partnership*. New York: Columbia

University Press.
Collins, Jane L., Micaela di Leonardo, Brett Williams, eds. 2008. *New Landscapes of Inequality: Neoliberalism and the Erosion of Democracy in America*. Santa Fe, NM: School of American Research Press.
Conlin, Michelle. 2001. "Labor Laws Apply to Dot-Coms? Really?" *Business Week*, February 26: 96, 98.
Connelly, Julie. 2003. "Youthful Attitudes, Sobering Realities." *New York Times*, October 28.
Couch, Kenneth A., Nicholas A. Jolly, Dana W. Placzek. 2009. "Mass Layoffs and Their Impact on Earnings during Recessions and Expansions." *Occasional Paper Series 2009*-1. Wethersfield, CT: Connecticut Department of Labor Office of Research.
Couch, Kenneth A., Dana W. Placzek. 2010. "Earnings Losses of Displaced Workers Revisited." *American Economic Review* 100, no. 1: 572–589.
Darrah, Charles N. 2000. "Techno-Missionaries Doing Good at the Center." American Anthropological Association, San Francisco, November 17.
———. 1994. "Skill Requirements at Work: Rhetoric versus Reality." *Work and Occupations* 21, no. 1: 64–84.
Davis, Clark. 2000. *Company Men: White-Collar Life and Corporate Cultures in Los Angeles, 1892–1941*. Baltimore: Johns Hopkins University Press.
Dillon, David. 1985. "Borrowing from the Past." *Dallas Morning News*, January 13.
Dixon, K. A., Carl E. Van Horn. 2003. *The Disposable Worker: Living in A Job-Loss Economy*. Work Trends 6, no. 2.
Douglas, Mary. 1966. *Purity and Danger: An Analysis of Concept of Pollution and Taboo*. London: Penguin.
Doukas, Dimitra. 2003. *Worked Over: The Corporate Sabotage of an American Community*. Ithaca, NY: Cornell University Press.
Drentea, Patricia. 1998. "Consequences of Women's Formal and Informal Job Search Methods for Employment in Female-Dominated Jobs." *Gender and Society* 12, no. 3: 321–338.
Dudley, Kathryn. 2000. *Debt and Dispossession: Farm Loss in America's Heartland*. Chicago: University of Chicago Press.
———. 1996. "The Problem of Community in Rural America." *Culture and*

Agriculture 18, no. 2: 47-57.
——. 1994. *The End of the Line: Lost Jobs, New Lives in Postindustrial America*. Chicago: University of Chicago Press.
Dunn, Elizabeth. 2004. *Privatizing Poland: Baby Food, Big Business, and the Remaking of Labor*. Ithaca, NY: Cornell University Press.
Durington, Matthew. 2003. "Discourses of Racialized Moral Panic in a Suburban Community: Teenagers, Heroin and Media in Plano, Texas." PhD diss., Temple University.
Durkheim, Emile. 1965. *The Division of Labor in Society*. Translation by George Simpson. New York: Free Press.
Economic Policy Institute. 2004. "JobWatch: June 2004." http://www.jobwatch.org/email/jobwatch_20040604.html (accessed August 1, 2010).
Ehrenreich, Barbara. 2009. "Trying to Find a Job Is Not a Job." *Los Angeles Times*, May 3. http://articles.latimes.com/2009/may/03/opinion/oe-ehrenreich3 (accessed June 18, 2009).
——. 2005. *Bait and Switch: The (Futile) Pursuit of the American Dream*. New York: Metropolitan Books.
——. 1983. *The Hearts of Men: American Dreams and the Flight from Commitment*. New York: Doubleday.
English-Lueck, Jan, Andrea Saveri. 2000. "Silicon Missionaries and Identity Evangelists." San Francisco: American Anthropological Association.
Ezzy, Douglas. 2001. *Narrating Unemployment*. Aldershot, England: Ashgate.
Feldman, Daniel C. 2000. "From the Me Decade to the Flee Decade." *Relational Wealth: The Advantages of Stability in a Changing Economy*, edited by Carrie Leanu and Denise Rousseau, Oxford: Oxford University Press, 169-182.
Feldman, Daniel C., Brian S. Klaas. 2002. "Internet Job Hunting: A Field Study of Applicant Experiences with On-line Recruiting." *Human Resource Management* 41, no. 2: 175-192.
Fernandez, Roberto M., Emilio J. Castilla, Paul Moore. 2000. "Social Capital at Work: Networks and Employment at a Phone Center." *American Journal of Sociology* 105, no. 5: 1288-1356.
Field, Anne. 2002. "When a Job Hunt Is Measured in Seasons or Even a Year." *New York Times*, December 8.

Fitzgerald, Thomas J. 2003. "Help Wanted: Customizing a Job Search." *New York Times*, March 20.

Foley, Douglas E. 1990. *Learning Capitalist Culture: Deep in the Heart of Tejas*. Philadelphia: University of Pennsylvania Press.

Forsythe, Diana E. 1999. "Ethics and Politics of Studying Up in Technoscience." *Anthropology of Work Review* 20, no. 1: 6–11.

Forty Plus of New York. 2010. "About Us." http://www.fortyplusnyc.org/Forty_Plus_of_New_York/Welcome.html (accessed August 10, 2010).

Francis, David R. 2003. "Finally, A Jobs Tally with a Positive Surprise." *Christian Science Monitor*, October 6.

Frank, Thomas. 2004. *What's the Matter with Kansas?: How Conservatives Won the Heart of America*. New York: Metropolitan Books.

———. 2000. *One Market under God: Extreme Capitalism, Market Populism, and the End of Economic Democracy*. New York: Random House.

Freeman, Carla. 2000. *High Tech and High Heels in the Global Economy: Women, Work, and Pink-Collar Identities in the Caribbean*. Durham, NC: Duke University Press.

Gale, Ivan, Jeff Palfini. 2001. "Who Got Fired?" *Industry Standard*, April 30: 72–73.

Geertz, Clifford. 1973. *The Interpretation of Cultures*. New York: Basic Books.

Gilbreath, Edward. 2002. "The New Capital of Evangelicalism." *Christianity Today* 46, no. 6: 38.

Giroux, Henry. 2008. *Against the Terror of Neoliberalism: Politics Beyond the Age of Greed*. Boulder: Paradigm.

———. 2001. *Public Spaces, Private Lives: Beyond the Culture of Cynicism*. New York: Rowman and Littlefield. Gladwell, Malcolm. 2000. "Designs for Working." *New Yorker*, December 11: 60–70.

Godinez, Victor. 2002. "Rebound in Tech May Be Slow." *Dallas Morning News*, May 13.

Goffman, Erving. 1961. *Asylums*. New York: Anchor Books.

———. 1959. *The Presentation of Self in Everyday Life*. New York: Anchor Books. Goldstein, Alan. 1995. "A Decade of Data." *Dallas Morning News*, January 17.

Goodman, Peter S., Jack Healy. 2009. "No End in Sight to Job Losses; 663,000

More Cut in March." *New York Times*, April 3.

Gordon, David. 1996. *Fat and Mean: The Corporate Squeeze of Working Americans and the Myth of Managerial "Downsizing"*. New York: Free Press.

Govenar, Alan B., Jay F. Brakefield. 1998. *Deep Ellum and Central Track: Where the Black and White Worlds of Dallas Converged*. Denton: University of North Texas Press.

Granovetter, Mark. 1995 [1974]. *Getting a Job: A Study of Contacts and Careers*. 2nd ed. Chicago: University of Chicago Press.

———. 1973. "The Strength of Weak Ties." *American Journal of Sociology* 78: 1360–1380.

Greenhouse, Steven. 2009. "In America, Labor Has An Unusually Long Fuse." *New York Times*, April 5.

Greenspan, Alan. 2008. "Testimony to the Committee of Government Oversight and Reform." October 23. http://oversight.house.gov/images/stories/documents/2008 1023100438.pdf (accessed August 1, 2010).

Gusterson, Hugh, Catherine Besteman, eds. 2009. *The Insecure American: How We Got Here and What We Should Do About It*. Berkeley: University of California Press.

Hackworth, Jason. 2006. *The Neoliberal City: Governance, Ideology, and Development in American Urbanism*. Ithaca, NY: Cornell University Press.

Hagan, Jacqueline María. 1994. *Deciding to Be Legal: A Maya Community in Houston*. Philadelphia: Temple University Press.

Hall, Douglas T. 1976. *Careers in Organization*. Glenview, IL: Scott, Foresman.

Hall, Douglas T., Philip H. Mirvis. 1995. "Careers as Lifelong Learning." *The Changing Nature of Work*, edited by Ann Howard, 323–361. San Francisco: Jossey-Bass.

Hannerz, Ulf. 1996. *Transnational Connections: Culture, People, Places*. London: Routledge.

Hansen, Katherine. 2003. "For Networking and Support, Join or Start a Job Club." Quintessential Careers Website. http://www.quintcareers.com/job_club.html (accessed June 6, 2003).

Harmon, Amy. 2001. "Virtual Revenge and the Decline of the Dot-Coms." *New York Times*, July 15.

Harrington, Ann. 2002. "Make That Switch." *Fortune*, February 4: 159–162.

Harrington, Brad. 2001. "An Interview with Tim Hall." *The Network News* 3, no. 2. http:// wfnetwork.bc.edu/The_Network_News/3-2/TNN3-2_Hall.pdf (accessed December 13, 2008).

Harris, Rosemary. 1987. *Power and Powerlessness in Industry: An Analysis of the Social Relations of Production*. London: Tavistock.

Harvey, David. 2005. *A Brief History of Neoliberalism*. Oxford: Oxford University Press.

———. 1990. *The Condition of Postmodernity: An Enquiry into the Origins of Cultural Change*. Cambridge, MA: Blackwell.

Hauben, Michael, Ronda Hauben. 1997. *Netizens: On the History and Impact of UseNet and the Internet*. Los Alamitos, CA: IEEE Computer Society Press.

Hayghe, Howard. 1990. "Family Members in the Workforce." *Monthly Labor Review* 113, no. 3: 14–19.

Heckscher, Charles. 1995. *White-Collar Blues: Management Loyalties in an Age of Corporate Restructuring*. New York: Basic Books.

Hochschild, Arlie. 1989. *The Second Shift: Working Parents and the Revolution at Home*. New York: Viking.

Hoffman, Jeffrey. 1998. "Too Rich to Risk?" *D Magazine*, January 25: DB4–DB8, DB22.

Housewright, Ed, Scott Farwell. 2001. "All Built Up, Nobody Home." *Dallas Morning News*, November 5.

Howe, Peter J. 2002. "Layoffs Shrink in Some Sectors." *Boston Globe*, July 15.

Huffman, Matt, Lisa Torres. 2002. "It's Not Only 'Who You Know' That Matters: Gender, Personal Contacts, and Job Lead Quality." *Gender and Society* 16, no. 6: 793–813.

Hurlock, Jim. 1986. "Slow Starters—or White Elephants?" *Business Week*, February 17: 78.

Johnson, Spencer. 1998. *Who Moved My Cheese?: An Amazing Way to Deal with Change in Your Work and in Your Life*. New York: G.P. Putnam's Sons.

1999. *Workforce Study: An Analysis of the Workforce Gap in Silicon Valley*. San Jose: Silicon Valley Network.

Jones, R. J., Nathan H. Azrin. 1973. "An Experimental Application of a Social Reinforcement Approach to the Problem of Job-Finding." *Journal of*

Applied Behavioral Analysis 6: 345–353.

Kaufman, Harold G. 1982. *Professionals in Search of Work: Coping with the Stress of Job Loss and Unemployment.* New York: John Wiley and Sons.

Kelly, Kevin. 1992. "Hot Spots: America's New Growth Regions." *BusinessWeek*, October 19: 80–84.

Kemper, Robert V. 2002. "Dallas-Fort Worth." *Encyclopedia of Urban Cultures*, edited by Melvin Ember and Carol Ember. Bethel, CT: Scholastic/Grolier.

Kemper, Robert V., Anya Peterson Royce, eds. 2002. *Chronicling Cultures: Long-Term Field Research in Anthropology*. Lanham, MD: AltaMira Press.

Kenney, Martin, ed. 2000. *Understanding Silicon Valley: The Anatomy of an Entrepreneurial Region*. Stanford: Stanford University Press.

Kimmel, Michael. 1996. *Manhood in America: A Cultural History*. New York: The Free Press.

Kipnis, Andrew. 2008. "Audit Cultures: Neoliberal Governmentality, Socialist Legacy, or Technologies of Governing?". *American Ethnologist* 35, no. 2: 275–289.

Klein, Naomi. 2007. *The Shock Doctrine: The Rise of Disaster Capitalism*. New York: Metropolitan Books.

Kolbert, Elizabeth. 2010. "Everybody Have Fun." *New Yorker*, March 22: 72–74.

Komarovsky, Mirra. 1940. *The Unemployed Man and His Family: The Effect of Unemployment on the Status of the Man in 59 Families*. New York: Dryden Press.

Konrad, Rachel. 2002. "The World of the Laid-off Techie." *ZDNet News*, February 8. http://www.zdnet.com/news/the-world-of-the-laid-off-techie/120632?tag=content; search-results-rivers (accessed August 1, 2010).

Kosmin, Barry A., Seymour P. Lachman. 1993. *One Nation Under God: Religion in Contemporary American Society*. New York: Crown Trade Paperbacks.

Kotkin, Joel. 2000. "The Capital of Capitalism." *D Magazine: Special Edition: eDallas*, December: 10–11.

Krishnamurthy, Mathangi. 2004. "Resources and Rebels: A Study of Identity Management in Indian Call Centers." *Anthropology of Work Review* 25, no. 3: 9–18.

Kübler-Ross, Elisabeth. 1969. *On Death and Dying: What the Dying Have* to Teach Doctors, Nurses, Clergy and Their Own Families. New York: Macmillan.

Kunda, Gideon. 1992. *Engineering Culture: Control and Commitment in a High-Tech Corporation*. Philadelphia: Temple University Press.

Kunda, Gideon, John Van Maanen. 1999. "Changing Scripts at Work: Managers and Professionals." *Annals* 561: 64–80.

Lamphere, Louise. 1979. "Fighting the Piece Rate System: New Dimensions of an Old Struggle in the Apparel Industry." *Case Studies on the Labor Process*. The Hague: Mouton.

Lane, Carrie. 2010. "'If the Shoe Ain't Your Size, It Ain't Gonna Fit': Ideologies of Professional and Marital Instability among U.S. White-Collar Workers." *Iowa Journal of Cultural Studies* 12/13: 37–54.

——. 2009. "Man Enough to Let My Wife Support Me: How Changing Models of Career and Gender Are Reshaping the Experience of Unemployment." *American Ethnologist* 36, no. 4: 681–692.

Layne, Linda. 2000. "The Cultural Fix: An Anthropological Contribution to Science and Technology Studies." *Science, Technology & Human Values* 25, no. 4: 492–519.

Lewis, Michael. 2001. *The New New Thing: A Silicon Valley Story*. New York: Penguin.

Licht, Walter. 1988. "How the Workplace Has Changed in 75 Years." *Monthly Labor Review* 111, no. 2: 19–25.

Ligos, Melinda. 2003. "In Job Search, Warm and Fuzzy Beats Online and All-Business." *New York Times*, February 2.

Limón, JoséE. 1991. "Representation, Ethnicity, and the Precursory Ethnography: Notes of a Native Anthropologist." *Recapturing Anthropology*. Santa Fe, NM: School of American Research Press.

Lowenstein, Roger. 2004. *Origins of the Crash: The Great Bubble and Its Undoing*. New York: Penguin.

Luker, William Jr., Donald Lyons. 1997. "Employment Shifts in High-Technology Industries, 1988–96." *Monthly Labor Review* 120, no. 6: 12–25.

Luo, Michael. 2009. "For Growing Ranks of the White-Collar Jobless, Support With a Touch of the Spur." *New York Times*, January 25.

Madsen, William. 1964. *The Mexican Americans of South Texas*. New York:

Holt, Rinehart and Winston.
Mahar, Maggie. 2003. *Bull!: A History of the Boom, 1982–1999: What Drove the Breakneck Market— and What Every Investor Needs to Know about Financial Cycles*. New York: HarperBusiness.
Mahler, Jonathan. 2003. "Commute to Nowhere." *New York Times*, April 13.
Mahoney, Rhona. 1995. *Kidding Ourselves: Breadwinning, Babies, and Bargaining Power*. New York: Basic Books.
Malinowski, Bronislaw. 1948. *Magic, Science and Religion*. New York: Doubleday.
Mangum, Stephen L. 1982. *Job Search: A Review of the Literature*. San Francisco: Olympic Research Centers.
Marschall, Daniel J. 2001. "Ideology and Career Consciousness in the Occupational Community of Internet Technologists." Master's thesis, Georgetown University.
Maxwell, Lisa C. 2010a. "DALLAS COUNTY." Handbook of Texas Online. http:// www.tshaonline.org/handbook/online/articles/DD/hcd2.html (accessed August 1, 2010).
——. 2010b. "DEEP ELLUM." Handbook of Texas Online. http://www.tshaonline.org/handbook/online/articles/DD/hpd1.html (accessed August 1, 2010).
McElhaney, Jackie, and Michael V. Hazel. 2010. "DALLAS, TX." Handbook of Texas Online. http://www.tshaonline.org/handbook/online/articles/DD/hdd1.html (accessed August 1, 2010).
McGill, Adam. 2002. "Deep Ellum's Growing Pains." *D Magazine*, November: 22–23.
McPherson, J. Miller, Lynn Smith-Lovin. 1982. "Women and Weak Ties: Differences by Sex in the Size of Voluntary Organizations." *American Journal of Sociology* 87, no. 4: 883–904.
Mensah, Joseph. 2008. *Neoliberalism and Globalization in Africa: Contestations on the Embattled Continent*. New York: Palgrave Macmillan.
Michelsen, Michael W., Jr. 2009. "Career Counseling in Church." *Christianity Today*, October 2. http://www.christianitytoday.com/ct/2009/august/37.38.html (accessed March 26, 2010).
Milgram, Stanley. 1974. *Obedience to Authority: An Experimental View*. New York: Harper & Row. 1967. "The Small World Problem." *Psychology*

Today 2: 60–67.

Mishel, Lawrence, Jared Bernstein, and Heather Boushey. 2003. *The State of Working America 2002–03*. Ithaca, NY: Cornell University Press.

Mishel, Lawrence, Heidi Shierholz. 2009. "Seven Million Jobs Needed to Return to Pre-Recession Employment Levels." Economic Policy Institute, May. http://www.epi.org/publications/entry/jobspict_200905_preview/ (accessed June 16, 2009).

Mitchell, Jim. 1987. "Infomart Begins to Compute." *Dallas Morning News*, January 17.

———. 1985a. "Infomart Takes Central Stage Monday." *Dallas Morning News*, January 21.

———. 1985b. "Infomart's Future Still In Question." *Dallas Morning News*, August 17.

Moore, Michael. 1990. "Roger & Me." Burbank, CA: Warner Home Video.

Moore, Thomas S. 1996. *The Disposable Workforce: Worker Displacement and Employment Instability in America*. New York: Aldine deGruyter.

Muldoon, Bob. 2002. "White-Collar Man in a Blue-Collar World." *Newsweek*, February 4: 13.

Nash, June C. 1998. "Twenty Years of Work Anthropology: A Critical Evaluation." *Anthropology of Work Review* 18, no. 4: 1–6.

———. 1989. *From Tank Town to High Tech: The Clash of Community and Industrial Cycles*. New York: State University of New York Press.

Newman, Katherine. 1993. *Declining Fortunes: The Withering of the American Dream*. New York: Basic Books.

———. 1988. *Falling from Grace: Downward Mobility in the Age of Affluence*. Berkeley: University of California Press.

New York Times. 1996. *The Downsizing of America*. New York: Three Rivers Press.

Nigro, Nicholas. 2008. *No Job? No Prob!: How to Pay Your Bills, Feed Your Mind, and Have a Blast When You're Out of Work*. New York: Skyhorse Publishing.

Noguchi, Yuki. 2009. "Job Seekers Find New Rules of Recruitment." National Public Radio, June 28. http://www.npr.org/templates/story/story.php?storyId=105483848& sc=nl&cc=es-20090628 (accessed June 29, 2009).

Ong, Aihwa. 2006. *Neoliberalism as Exception: Mutations in Citizenship and Sovereignty*. Durham, NC: Duke University Press.

Oppel, Richard A. 2001. "Dallas Bleeds as Job Cuts Hit Its Tech Sector." *New York Times*, August 5.

Osterman, Paul. 1999. *Securing Prosperity: The American Labor Market: How It Has Changed and What to Do About It*. Princeton: Princeton University Press.

———, ed. 1996. *Broken Ladders: Managerial Careers in the New Economy*. New York: Oxford University Press.

Overbey, Mary Margaret, Kathryn Dudley, eds. 2000. "Anthropology and Middle Class Working Families: A Research Agenda." Arlington: American Anthropological Association. http://www.aaanet.org/gvt/mcwf.pdf (accessed Aug. 1, 2010).

Peck, Don. 2010. "How A New Jobless Era Will Transform America." *Atlantic Monthly*, March: 42–56.

Pérez, Gina M. 2008. "Discipline and Citizenship: Latina/o Youth in Chicago JROTC Programs." *New Landscapes of Inequality: Neoliberalism and the Erosion of Democracy in America*. Santa Fe: School of American Research Press.

Petersen, D'Ann M., Michelle Thomas. 1995. "From Crude Oil to Computer Chips: How Technology Is Changing the Texas Economy." *Southwest Economy*, November: 1–5.

Petre, Peter. 1985. "Computer Marts: A New Way to Hawk High Tech." *Fortune*, February 4: 64.

Pew Internet Project. 2002. "Online Job Hunting: A Pew Internet Project Data Memo." Pew Internet Project. July 17. http://www.pewinternet.org/Press-Releases/2002/Online-Job-Hunting-A-Pew-Internet-Project-Data-Memo.aspx (accessed August 1, 2010).

Phillips, Michael. 2006. *White Metropolis: Race, Ethnicity, and Religion in Dallas, 1841–2001*. Austin: University of Texas Press.

Pink, Daniel. 2001. *Free Agent Nation: How America's New Independent Workers Are Transforming the Way We Live*. New York: Warner Books.

Piore, Michael J., Charles F. Sabel. 1984. *The Second Industrial Divide: Possibilities for Prosperity*. New York: Basic Books.

Postrel, Virginia. 2002. "Come All Ye Faithful." *D Magazine*, July: 47–50.

Potuchek, Jean L. 1997. *Who Supports the Family?: Gender and Breadwinning in Dual- Earner Marriages*. Stanford: Stanford University Press.

Primeau, Marty. 1985. "A French Feast to Herald a Palace of Information." *Dallas Morning News*, February 3.

Ragland, James. 2002. "Great to Know You, Dallas." *Dallas Morning News*, November 22.

Randall, Neil. 1997. *Soul of the Internet: Net Gods, Netizens and the Wiring of the World.* London: International Thomson Computer Press.

Read, William H., Jan L. Youtie. 1994. "Texas Telecom Corridor." *Economic Development Review* 12, no. 3: 27–31.

Reich, Robert. 1991. *The Work of Nations: Preparing Ourselves for 21st-Century Capitalism.* New York: Vintage Books.

Riche, R. W., D. E. Hecker, J. U. Burgan. 1983. "High Technology Today and Tomorrow: A Small Slice of the Employment Pie." *Monthly Labor Review*, November: 50–58.

Robinson, David. 2002. "Networking in the Pews." *Time*, July 15: 17.

Rose, Nikolas. 1990. *Governing the Soul: The Shaping of the Private Self.* London: Routledge.

———. 1999. *Powers of Freedom: Reframing Political Thought.* Cambridge: Cambridge University Press.

Ross, Andrew. 2003. *No-Collar: The Humane Workplace and Its Hidden Costs.* New York: Basic Books.

Sanjek, Roger. 1990. *Fieldnotes: The Making of Anthropology.* Ithaca, NY: Cornell University Press.

"Santa Clara, Dallas Counties Lead Nation in Employment Decline." 2003. *Dallas Business Journal*, November 4.

Saxenian, Annalee. 1996. *Regional Advantage: Culture and Competition in Silicon Valley and Route 128*, revised ed. Cambridge, MA: Harvard University Press.

Schwartz, Nelson D. 2003. "Down and Out in White–Collar America." *Fortune*, June 23: 79–82, 86.

Segaller, Stephen. 1998. *Nerds 2.0.1: A Brief History of the Internet.* New York: TV Books.

Sennett, Richard. 1998. *The Corrosion of Character: The Personal Consequences of Work in the New Capitalism.* New York: W.W. Norton.

Shelp, Ronald K., Gary W. Hart. 1986. "Understanding a New Economy."

Wall Street Journal, December 23.

Shierholz, Heidi, Lawrence Mishel. 2009. "Highest Unemployment Rate Since 1983." Economic Policy Institute Jobs Picture Preview. June 16. http://www.epi.org/ publications/entry/jobspict_2009_july_preview/ (accessed March 26, 2010).

Shiller, Robert J. 2000. *Irrational Exuberance.* Princeton, NJ: Princeton University Press.

Sirohi, Seema. 2004. "Impatient Jobs." YaleGlobal Online. January 20. http://yaleglobal. yale.edu/content/impatient-jobs (accessed August 1, 2010).

Slater, Wayne. 1985. "Silicon Prairie?" *Dallas Morning News,* September 22.

Smith, Vicki. 2001. *Crossing the Great Divide: Worker Risk and Opportunity in the New Economy.* Ithaca, NY: Cornell University Press.

Sonntag, Selma. 2004. "Appropriating Identity or Cultivating Capital? Global English in Offshoring Service Industries." Annual Meeting of the American Anthropological Association, San Francisco, November 19.

"Spherion Emerging Workforce Study." 2003. Fort Lauderdale, FL: Spherion.

Spindler, George D., Louise Spindler. 1983. "Anthropologists View American Culture." *Annual Review of Anthropology* 12: 49–78.

Standing, Guy. 2002. *Beyond the New Paternalism: Basic Security as Equality.* London: Verso.

Stein, Nicholas. 2000. "Meet-Markets for the New Economy." *Fortune,* July 10: 257–258.

Stettner, Andrew, Jeffrey Wenger. 2003. "The Broad Reach of Long-Term Unemployment." *Economic Policy Institute Issue.* Brief 194. May 15.

Stevens, Laura Roe. 2001. "On the Firing Line." *Industry Standard,* January 15: 154, 156.

Sumner, Jane. 1985. "Out-takes." *Dallas Morning News,* January 27.

Talent, Jim. 2007. "Beyond the Bottom Line: Redefining Corporate Social Responsibility." *Huffington Post.* http://www.huffingtonpost.com/sen-jim-talent/beyond-thebottom- line-re_b_51449.html (accessed July 17, 2009).

TechAmerica. 2009. "Cyberstates 2009: A Complete State-by-State Overview of the High-Technology Industry." Washington, DC: TechAmerica.

Torres, Lisa. 1996. "When Weak Ties Fail: Shame, Reciprocity, and Unemployed Professionals." Master's thesis, University of California,

Santa Barbara.
Torres, Lisa, Matt L. Huffman. 2002. "Social Networks and Job Search Outcomes among Male and Female Professional, Technical, and Managerial Workers." *Sociological Focus* 35, no. 1: 25–42.
Townsend, Nicholas W. 2002. *The Package Deal: Marriage, Work, and Fatherhood in Men's Lives*. Philadelphia: Temple University Press.
Tulgan, Bruce. 2003. *Generational Shift: What We Saw at the Workplace Revolution: Executive Summary: Key Findings of Our Ten Year Workplace Study, 1993–2003*. New Haven, CT: Rainmaker Thinking.
Turner, Victor. 1969. *The Ritual Process: Structure and Anti-Structure*. Chicago: Aldine.
Uchitelle, Louis. 2006. *The Disposable American: Layoffs and Their Consequences*. New York: Knopf.
"University Study Shows Area Has Lost 30 Percent of Tech Jobs." 2004. *Dallas Business Journal*, September 15.
Urciuoli, Bonnie. 2008. "Skills and Selves in the New Workplace." *American Ethnologist* 35, no. 2: 211–228.
Van Maanen, John. 1988. *Tales of the Field: On Writing Ethnography*. Chicago: University of Chicago Press.
Venkatesh, Sudhir. 2009. "Feeling Too Down to Rise Up." *New York Times*, March 29.
Virick, Meghna. 2004. "Research Report: Follow-Up Survey on the Effect of Layoffs in the North Texas Region." Dallas: North Texas Technology Council and University of Texas at Arlington.
——. 2003. "Research Report: The Effect of Layoffs in the North Texas Region." Dallas: North Texas Technology Council and University of Texas at Arlington.
Wacquant, Loïc. 2002. "Scrutinizing the Street: Poverty, Morality, and the Pitfalls of Urban Ethnography." *American Journal of Sociology* 107, no. 6: 1468–1532.
Wallulis, Jerald. 1998. *The New Insecurity: The End of the Standard Job and Family*. Albany: State University of New York Press.
Warner, Melanie. 2001. "Pity the Poor Dot-Commer (a Little Bit)." *Fortune*, January 22: 40.

Warren, Elizabeth, Amelia Warren Tyagi. 2003. *The Two Income Trap: Why Middle-Class Mothers and Fathers Are Going Broke*. New York: Basic Books.

Watts, Duncan J. 2002. *Six Degrees: The Science of a Connected Age*. New York: W.W. Norton.

Wax, Judith. 1976. "Mission Employable." *New York Times*, June 20: 24–25, 56.

Weinberg, Neal. 1998. "Help Wanted: Older Workers Need Not Apply." *CNN.com*, September 14. http://www.cnn.com/TECH/computing/9809/14/tooold.idg/index.html (accessed July 31, 2010).

Whyte, William H. 1956. *The Organization Man*. New York: Simon and Schuster.

Winerip, Michael. 2010. "Time, It Turns Out, Isn't on Their Side." *New York Times*, March 14.

Wysocki, Bernard, Jr. 1989. "The New Boom Towns." *Wall Street Journal*, March 27.

Xiang, Biao. 2007. *Global "Body Shopping": An Indian Labor System in the Information Technology Industry*. Princeton, NJ: Princeton University Press.

Zuboff, Shoshana. 1988. *In the Age of the Smart Machine: The Future of Work and Power*. New York: Basic Books.